U0138654

有人
出版。

有名　系列
the name

辛金順·詩集

拼貼：馬來西亞

有人出版。

在一首馬來詩裡，我們背離新月，釘子釘住了愁鄉
佛院微笑，穿過詞的韻尾
在島和島之間，不停擺盪，

本書獲得雪蘭莪暨吉隆坡福建會館雙福文學出版基金
2017 年度詩歌組優秀獎，並由該基金資助出版。

有名系列 the name 94

拼貼：馬來西亞／辛金順詩集

作　　者／辛金順
總 編 輯／曾翎龍
封面設計／蘇長風
內頁設計／陳文禮
內頁攝影／辛金順
校　　對／王國剛　許欽斐
發 行 人／楊嘉仁　周若濤

出　　版／有人出版社 Got One Publisher Sdn Bhd (755513-K)
　　　　　No. D-6-1, Pelangi Utama, Jalan Masjid PJU 6A,
　　　　　47400 Petaling Jaya, Selangor, Malaysia.
　　　　　網址：http://www.got1mag.com
　　　　　電郵：got1mag@got1mag.com

印　　刷／永聯印務有限公司 Vinlin Press Sdn Bhd

經　　銷／大有有限公司 Big Pomelo Sdn Bhd
　　　　　4800-2-6 CBD Perdana, Jalan Perdana,
　　　　　63000 Cyberjaya, Selangor, Malaysia.
　　　　　電話：012-612 3080
　　　　　傳真：03-8319 6688
　　　　　電郵：got1shop@gmail.com
　　　　　網店：有店 www.got1shop.com

初　　版／2018 年 12 月
售　　價／馬幣 32 元

目次

自序：地方，時間和記憶隱喻　／辛金順　　　　　5

輯一　地誌・拼圖　　丹戎巴葛火車站　　　　　20

哥打峇魯・大巴剎　　　　　22

金寶・矮子鋪（I）　　　　　24

金寶・戲院街（II）　　　　　26

阿羅士打・Pekan Rabu　　　　28

安順・斜塔　　　　　30

檳城・渡輪　　　　　32

吉隆坡・蘇丹街　　　　　34

馬六甲・聖地亞哥古堡城門　　　　36

馬六甲・河岸　　　　　38

豐盛港　　　　　40

金馬崙・鄧長權　　　　　42

雲頂・纜車　　　　　44

登嘉樓・海岸線　　　　　46

興樓（Endau）・泊船　　　　48

居鑾・Rail Coffee　　　　　50

北根・Teng Quee路　　　　52

喬治市・周姓橋　　　　　54

大山腳・聖安納教堂　　　　56

吉隆坡：夜・KLCC　　　　58

關丹・Teluk Cempedak 61

怡保：Birch・歷史紀念碑 64

吉蘭丹・道北站佛 67

麻坡・麻河水聲 69

古晉（Kuching）・貓的故鄉 72

詩巫・夢的窗口 75

馬泰邊界・Pengkalan Kubu 78

巴生河 80

怡保・火車站 82

白沙鎮（Pasir Puteh） 84

輯二 我的家庭
（長詩）

我的家庭 88

我的故鄉 117

我的童年 130

我的小學朋友 146

我的志願 157

輯三 馬來西亞

華語的火花：林連玉 164

M先生的語言學 170

六十年——一種國族主義的想像 178

六萬年——一個種族主義的幻想 188

備忘錄 192

詩作刊載年表 206

自序：地方，時間和記憶隱喻　　　　／辛金順

1.

　　2011年底，我從臺灣回到馬來西亞。去國二十年，所有的離開，留下了一片空白，歲月棲遲，蒼茫倥傯，許多往事，也都已褪頹成了遙遠而模糊的記憶。我了解沒有貼地的生活，是無法體會人與存在空間的可對話性和親密感，以及歸屬與認同。易言之，身體知覺與記憶，必須與一些地方發生了關係，才會形成一種符號的啟示，不論這啟示是指向了實質的「家」，或者想像的「國」，它都在建構著存有經驗與實踐價值的歸向。而存在之於存在感覺本身，其實就是建基於這樣的生活情態之中。

　　於是，二十年的空白，壓縮在回眸的一瞬之間，竟被轉化為遙遠凝視背後，另類的關懷與關注。因此回來，遂成了一種起步，讓我重新用身體進入馬來西亞的生活空間，讓身體重新去編織移動於各地方的景觀條目，去對話、去感受和去記錄那些走過的生活、歷史和人文匯聚的地方。這些小鎮或城市，都留有許多人的家庭、童年，成長的想像、夢望和記憶，是存在經驗的必然依據。而所有華人在馬來西亞的發展史，也必須從這些小鎮開始，從一條街、一排板屋、一個小小市集、一座廟宇，或一雙開荒拓土的腳跟和探尋方向的眼睛，及作為歷史修辭的出發，移動、依附、根著，逐漸逐漸的，才能由此展示出

了無數歲月凝聚成今日的城鎮風貌。

　　因此，每次走過這些大城小鎮的市景，看著斑駁老去的窗櫺與店屋，那些風塵雨跡走過的日常，都被記錄為身體內在的話語，對應著二十年前離開時的那些小鎮印象，而有了政治以外的滄桑觸感。這些歷史的記憶場，當然不純只是「景觀圖象」（landscape image）這麼簡單；實際上，每個小鎮，都是華裔先輩南來後，流血流汗，耗盡青春歲月興建起來，同時也是許多人埋骨埋名的場所。因此，這些城鎮都有各自的故事，在街與街的聯繫之間；在板屋與磚屋的相隔之間；在許多逐漸老去的眼神裡；在一代又一代的出生、成長和離去的身影上，隱喻著一切的存在與消逝，繁華與衰微的時間故事。這些故事，慢慢的隨著時間而在風裡消散。這一如自己青少年時，原以為所有的東西都會恆永鞏固，然而卻在人到中年後，發現一切堅固的，全也逐漸煙消雲散了。

　　所以回到老家白沙小鎮，走在舊鎮的破落街景上，總是無限感嘆。故鄉小鎮如許多其他的小鎮一樣，在現代化和國／巫族主義衝擊下，走向了邊緣化、遺棄和遺忘的地帶。六十多年的（華人）店屋失修、老舊和破陋。執政者也無意重新翻飾，或在原地規劃未來，而是另擇空曠的田地，建起新鎮，然後將所有政府部門全遷到新地方，並大量引進馬來商家，於是往昔以華人商業為中心的舊鎮，發展完全停頓；反而以馬來人為主

的商店，卻成了新鎮的核心。族群經濟發展的轉移，悄悄的，也同時在遷鎮中安然達成。

這樣的經濟發展轉移計劃，這十多年來，在馬來半島各城鎮中不斷在進行著，這當然是國家經濟發展計畫的目標之一。傳統舊市鎮屬於早期華人開荒拓土而形成的經濟區域，已無發展空間或價值，所以可以漠然視之，轉而新立市鎮，以另一種方式，來達成族群（華→巫）經濟權的轉換。這樣的一種國族經濟計畫和敘事，將會開拓出怎樣的一個未來情景？

而作為記憶圖像場，或隱藏著華人精神史的城鎮，那些充滿著回憶的老建築物、街巷、市場，消失的溪流等等，將會被時間和國家經濟政策沖刷到什麼地方去？或國家機器以抹消的方式來編寫官方記憶時，這些逐漸衰頹的小鎮，以及小鎮背後銘刻著「長眠於此」的祖父輩墓碑，又將會在怎樣的遺忘之下，而成為荒煙蔓草中掩蓋下的一片空白？

回到馬來西亞初期，走在故鄉小鎮寧靜夜裡的街道上，感覺暗影重重的破落建築物之上，天空潑墨般的黑，而時間的大風卻不斷往前吹，一直往前吹，把人吹得越來越渺小，把所有的答案，也吹入了茫茫的風裡，成了茫茫然的一片風聲……。

2.

　　文學的地方記憶，或地方的文學書寫，都涉及了個人與集體的想像編碼，它形成了記憶儲存、繪製、創造和再現的功能演示。換句話說，一個小鎮的歷史，可以通過文學的符號系統加以保存下來，不論是通過詩、散文或小說，都可以經由個人記憶、經驗、生活情態與地方進行連結，由此而召喚出集體的認同意識，以及對家園／國的歸屬感。

　　當然，這樣的書寫本身，隱然含具空間創制的能指，尤其在地誌方面，更是在想像與認同的建構裡，開啟了歷史記憶的修辭模式，以去記錄一個地方的生活經驗，及生命感受，進而延伸向過去的認知。這一如德國學者Astrid Erll所指出的，文學可以作為記憶的儲存媒介，並具有傳播的功能，因而類此文學書寫，將可隨時喚起歷史和集體記憶的內容。或從某方面而言，它宛如文字的紀念碑，編織著生活經驗、記憶和歷史等，同時也標誌著認同與歸屬的場址。

　　所以剛回到馬來西亞的學院之中，我的研究計畫之一，其實就是企圖處理自獨立以來有關於「馬來西亞」地誌書寫的詩作，並由此「詩寫馬來西亞」的研究裡，去「拼貼」和論證馬華（詩）人，如何透過各種觀看、回憶和想像的方式，展現出對自身家園／國的認同意向，並由此反駁華人一直以來常被質

疑為不愛國和不了解自己存在環境／鄉土的族群政治操弄。然而這樣的研究計畫，在完成三篇論文之後，卻被學院裡不學無術，卻熱衷鬥爭的假髮政客，以各種方式／手段阻擾而被擱置下來（計畫上是要完成六篇論文以集合成一專書），最後，卻成了一本未竟的學術論著。

然而，這未竟的學術研究，卻啟動了我的詩歌創作實踐，以「拼貼」馬來西亞各地的城鎮作為旨向，建構我視域下的地方詩誌，並讓詩與圖像／照片進行文本對照，或讓文字與影像連結，映現出地方和情感的詩意召喚來。而在此，照片的設置，其實是具有「記憶隱喻」（memory metaphor）的呈示，一如班雅明（Walter Benjamin）所指出的，照片所構成的隱喻圖像（metaphorical image），其實是可以作為歷史檔案來處理。而照片中所呈現的城鎮景觀，自是經過選擇，及處於某個視鏡位置下所構成的，它不但保留了空間與那一瞬間的時間感，同時從圖像上所衍引出的集體想像，會因與詩句的交結，而延伸向過去更久遠的歷史記憶中去。所以，詩與圖的互文設置，在此遂有了一個輔成的內在訊息與意義（再生產的）展示。這也是我寫【輯一：地誌·拼圖】的最初構想。

當然，就如地方哲學家凱西（Edward Casey）所提及的：「生活，就是在地方上過活；認識，也就是首先認識我們所住的地方」。也就是說，地方感知，必須透過貼地生活與經

驗才能產生。惟在流動的現代性世界中，空間的日常移動，或身體經由移動所展開的知覺，往往更能敏銳地去觸摸和捕捉到地方的內在特質，以及地方經驗；反而一些長久的根著者，則會因為生活的習常，而產生了感受／覺上的麻木，或覺而不覺的，形成了自我知覺的禁錮。

因而，走詩於各地城鎮，以身體丈量各地方的街景，記錄各處的人事物，深入一些地景背後可見與不可見的歷史記憶，或感受鎮與鎮之間的距離感與差異性，都一一在2014年的半島環遊中完成。那時，從新山作為起步，然後向笨珍、北干那那、峇株巴轄、居鑾、豐盛港、興樓，並向東北一路推進，雲冰、北根、關丹、珍拉丁、居茶、龍運、馬蘭、登嘉樓，最後抵吉蘭丹首府的哥打峇魯。過後，又從哥市過境泰國的北大年三省，並由合艾轉入加央、阿羅士打、雙溪大年、大山腳、檳島，及從北南下至太平、江沙、怡保，最後終於金寶。這段兩千八百多公里的旅程（其實絕大部分地方，已去過很多次了），讓詩的旅跡，更能深入各小鎮的腹地，並在許多景觀和歷史遺跡裡，叩問了一些鄉老的傳說，地方的軼事。是以，詩記錄的不僅僅是那瞬眼的空間感知，也涉及了那些隱藏在城鎮背後的生活與歷史記憶，一些興盛、一些衰頹，以及一些些時光走過的聲音。

總而言之，詩的跋涉，在【地誌‧拼圖】一輯內，自是跨

越了「應景」（occasional）的謬說，它所投射出的姿態，含具了在地的感覺和經驗創造，並以詩的隱喻，建構了地方感性與身分屬性的認同意識。在此，詩的地誌言說，經由繪製馬來西亞地方圖像與追蹤歷史記憶的同時，也試圖通過「拼貼」馬來西亞的方式，去進行另一種地方的敘事——說我們自己土地的故事。

其實在書寫這三十首地誌詩時，總令我想起，二十歲的自己，曾在學校長假的12月中，隨著東北季候風，單自的從家鄉出發，沿著東海岸的海岸線，一路搭巴士，從一個小鎮到一個小鎮地遊蕩下去，一直到新加坡。而那些沿路走過小鎮的記憶，都收藏在青布袋裡，經過許多年後，還是那樣鮮明的，躺在我的回憶夾中，與青春歲月，轉化成了一首殘舊老去而抒情的馬來詩：

Pekan lama mengumpul awan, burung merpati
rumah papan tua, jalan dan jejak kaki yang sepi

Langit biru terbentang luas, didada ku
berhampiran dengan pantai yang berombak, laut
mengeliru, disepanjang jalan
yang tak ditentu, aku mengumpul sejarah

dari pekan ke pekan, didetik mata, yang mudah lupa

Pohon-pohon yang bergerak, jauh
nampak bagai sungai mengalir tak bersuara

如歲月之河，流淌無聲，去去而遠，而逝，而逐漸的遺
忘。而這些詩，剛好可以作為歲月的碑記，見證著我曾經走過的
路程，以及在時流回眸裡，對家園／國的一份小小感懷與關照。

因此，這一輯詩，可以說是我學術研究關懷之外的一個理
念延伸：以詩，掇拾某些歷史和遺忘，進而由此碎片的拼湊，
建構一個看見和看不見的城鎮面貌、記憶、想像和慾望——是
的，以我凝視目光，以我的詩誌方式。

3.

純然，詩的行跡，在回憶裡總常會介入現實的場景，或此
在的存有意識之中。故某時候，詩的走向，往往是先從個人出
發，而後逐漸趨向／探入集體的歷史層面和命運之上，以形
成一種召喚（interpellation）。是以，一個時代有一個時代的
詩，一個地方也有一個地方的詩性關懷；詩的意向起點，亦自

有其「現實在場」的必要，而此一在場，某方面而言，就是決定著詩的目光所向了。

而作為離散家族，從父母南來，到我們這一代的根植，在這塊形如番薯的馬來半島之上，塊莖延伸向四方，繁衍成家，成子成孫，成族群，並在此肩共著一天一地風雨的來去，形成了彼此的命運共同體。

而八十年，原無家人埋骨的地方，在此，也逐漸有了越來越多可以哭泣的墳頭，有了可以祭祀和追思的方向，有了故鄉，有了中小學各族群的朋友，以及有了成長中希望和失望的夢願。在這塊可觸可感，可親可愛，並栽種過童年的土地而你稱之為家鄉的地方；或通過國家機器塑造你忠誠意識而形成想像的國；或在這你領取了身分證之後，可以為政治憂喜和族群不平等的狀態，投下「民主」一票的所在之地，詩的言說，也因在此貼地而行及不斷与粗礪泥土的磨擦，而產生了家／國倫理的矛盾、掙扎、憤慨和一些些難言的疼痛。

故在【輯二：我的家庭】裡，主要是由五首長詩構成。即以五百多行〈我的家庭〉作為起步，通過父母和家庭中各個成員，去敘寫八十年來，家／國的變遷，以及政治、經濟、教育與文化的權益演繹，其間也記錄了移民者的夢想、國家情懷、歷史的乖危和身分認同的問題。而此詩延伸而下，向〈我的故鄉〉之種種情境，故鄉裡的童年（〈我的童年〉），童年時友

族們毫無猜疑的友情〈我的小學朋友〉，以及志願的期待與破滅（〈我的志願〉）等等之輻輳，企圖以此去追憶和展示出一個成長於馬來西亞過程的存在景象。另一方面，這五首嘗試以「小學作文題目」為詩題，卻大寫家／國情懷和歷史文化記憶的詩，多少是我回到馬來西亞這幾年來的感受，以及對詩重新思考的一個起點。

此外，這輯詩對應著輯一裡的地誌詩，無疑是更為具體的展現了小鎮內在的故事（每個小鎮都有「我的家庭」、「我的童年」等），以及呈示為更實質的記憶再現。因此，詩之在此的回顧，遂有了一方可知可感的想像，與家園政治／文化的一份辨思和追溯。

大致上，此輯詩中所映現的家／國與地方感性，或從「我」至「我們」的集體指向，需落實到這片土地上（或現實場景），才能挖掘出記憶內部更深沉的歷史與故事。而「挖掘」在追憶裡具有「喚醒」的作用，一如班雅明在《柏林童年》的拼貼追憶，以及通過碎片式追憶去召喚和喚醒地方情感，他人的各種遭遇和歷史的廢墟一樣，在回望的姿態裡，多少隱藏了一些諷諭和批判的意識。惟「喚醒」的對立面是一群龐大的「沉睡」，而永久的沉睡，即意味著「死亡」。這在馬來西亞的政治情境裡，當馬來主義已經被結構性地建制為無可動搖的國家意識時，多元口號也就成了一句空洞的能指，在國

（巫）族政治宣言「一個馬來西亞」（Satu Malaysia）的主導下，而趨向了失落的幻滅。

4.

　　是以【輯三：馬來西亞】中，當詩從追憶裡回歸到現實的情境，必然的，也無可避免地必須遭遇到許多政治文化的衝擊。因此，詩只能僭越，甚至潛越於政治的暗流之間，艱困地尋找一分存在的發聲。

　　故在這束枝椏更張如劍的詩叢裡，有了一些詩是為了回應政客學者，企圖「發明」六萬年種族基因論，以正當化族群建制單一國族主義的學術謬論而寫；有的是在馬來亞獨立六十周年時，對應自己年少時所作的一首長詩〈三十年來家國〉，進行觀照、續／敘述、重寫和再現華人在這片獨立後六十年土地上的處境和困境。也有的是以人誌事，以人繫史的方式，敘寫華文教育的艱巨，以及捍衛母語的必然犧牲（如林連玉，或一種致敬）等等。這些詩，遙望著我三十年前所寫過的一系列散文，如〈圖騰〉、〈夜征〉、〈江山有待〉等，無疑更顯得華裔族群在這片土地上的存在處境，以及來路，會更為嚴峻、曲折，與艱難。

至於原計畫想要寫成一本詩集的長詩〈備忘錄〉，主要是企圖以詩記史、證史和存史的方式，去記錄發生於當下的種種政治、文化和教育等事件，以作為未來備忘的歷史記錄，但由於個人疏懶，往往許多充滿著魔幻寫實的事件過去了，詩卻無意涉入（因為那些政治魔幻比詩精彩？），最後只好把這首兩百多行的組詩，也掛在這一輯裡，以反映此時此地此刻（此刻，也已變成歷史事件了），詩的殷切和曾經關懷。

　　而這一組詩，多少仍服膺孟子所言及的「詩亡，然後春秋作」的理念，就孟子的這句話，實際上隱述了詩的作用之一，是以韻文記事，與春秋通過散文編年記史，是有其相應的功用，那就是褒貶的效能。所以詩的美刺，變風變雅的諷喻等，足以開顯詩從內，轉而向外的一種「介入」（這也是傳統儒家對詩的實用功能想像），惟此一「介入」，並非意味著詩必須取消／放棄其美學詩意和藝術技巧來加以裝備自己的實用功能，畢竟詩之於為詩，還是在於其詩性的展開，這仍是詩必須的堅持。

　　多少年了，我仍會記得自己在年少的家鄉時，閱讀楊牧那首〈有人問我公理與正義的問題〉。詩句在默念中迴響於自己的意識之上，而在日光燈晃晃之下，卻隱藏著更大的一片陰影，如許多苦思不得的答案，身世、命運、虛假的言詞，虛無、荒原等等，在暗影裡顯得那麼空洞……。至於詩，卻企圖

穿過那空洞的暗影，頑強的，艱辛的，掙扎地一步一步不斷往前挺進，挺進，以抵達那可能永遠無法抵達的現實核心。

　　所以，詩有時候出世，有時候需入世，或在世；或為人，為事而作。這樣的詩，可謂之為一種詩在現實的鍛鍊，或一種詩之現實存有學的展現。因此當現實以斷片的形式呈顯，詩也只能以拼貼的方式，將斷片連續起來，卻又故意在其間留下許多空隙，讓想像穿行。是以不要問詩在詩裡說了什麼，而是要探問詩沒說的空白處，到底暗示了什麼。因為，詩留下的縫隙，或「之間」的間隙，才是意義的起點。

　　總之，第三輯內大部分百行以上的詩作，都有其結構性的安排，也具有其現實意向性的指涉。詩的摺叠与展開，在此時此地（或曰馬來西亞），亦含具了詩言主體存在經驗的話語、美學力量，以及聲音的抒發；因此我想，倘若我不在此間生活，則就無法體會與感受此地歷史氛圍與日常政治的現實，進而也就不可能，或不會去創作出這一類的詩作來了。

5.

　　最後，必須說的是，這本匯聚了地方、追憶和現實的詩集，以「拼貼」（collage）的方式呈現，即：城鎮之間的拼

貼、詩与照片的互文拼貼、馬來語／詩、吉蘭丹土語、方言和華語之間的拼貼、記憶碎片的拼貼，空間與時間的相互拼貼等等，交錯而組構成了一個別有隱喻的「馬來西亞」來，從某方面而言，它是一本叩問之詩，也是一本歸來者之詩，在此時，此地。

這是我的第十一本詩集，大致它有別於我之前的其他詩集，不論是從關懷面向，或詩的結構能指、語氣和聲調上，都有著更為深刻和圓熟的掌握，也有著跟以往不太一樣的試探。詩的題旨則有看得見的地方，也有隱匿在詩作背後，等待被發現的可能。簡言之，這本詩集，是嘗試回歸到身分明顯的「馬華性」意向上來進行創作的，而詩的「馬華性向」，可以說是我近期詩歌創作中，一個重要的思考點之一。

詩集中的詩，主要是作於2016年到2017年之間，並曾發表於張永修編的「商餘」和「南洋文藝」，以及梁靖芬編的〈文藝春秋〉副刊上，故在此特向他們表示誠摯的謝意。同時也要感謝雪隆福建會館文學出版基金會，以及評審們之匿名審查，且通過了贊助出版這本詩集的決定，雖然四千元的獎助，在今天，已經不足以出版一本詩集的經費了。

是為序。

寫於2018.10.20隨緣居

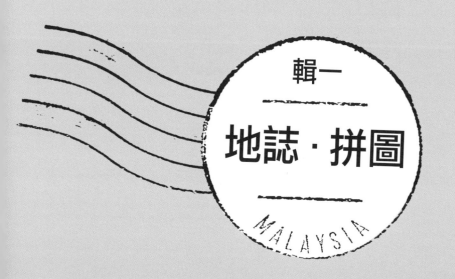

輯一

地誌・拼圖

MALAYSIA

丹戎巴葛火車站 [1]

南端的南端，過了海峽，就成了
異邦，這是起點
這是終站

這是異國的國中之地，歷史裡的
聯邦，小小的車站
租借的他方

---

[1] 丹戎巴葛火車站（Tanjong Pagar Railway Station）是自新加坡於1965年8月
9日獨立後，於新加坡境內仍由馬來亞鐵道局管轄的火車站。對新加坡而言，
它幾乎成了國中之異國。及至2010年，雙方政府同意以交換土地的方式，讓
丹戎巴葛火車站移交予新加坡土地局，使得這座馬來半島最南端的鐵道站，
在服務了七十九年後，於2011年7月1日凌晨走入了歷史。

想像可以容納一隻大象，在鐵軌上
奔跑。鹿的角力
有夢的火花，在政治的枕木間
向前跳躍

朱槿火紅燒亮了這島，一小片
天空。1932年
誰在回望？風雨在此
相遇的地方，有夢擦身而過
成了遺忘

而火車走了很長很長
一段路，七十八年，終於走到
最後的一站，花開花落

全落在
自己永恆的故鄉

哥打峇魯·大巴剎

陽光照亮吉蘭丹土話，一匹布那麼長
蔬果也懂得
對談，在已經排好的攤上，加減乘除
把日子，賣給寂寥

鹹魚豆腐，稍識一些泰語，安坐在
各自的位置
也說家常，也愛空談
在時光的舌尖之上，讓空氣
輕輕晃盪，魚腥的
味道

生活裡也會有交換的微笑，或一塊薑
一根蔥，一些些
幸福的贈送，放在菜籃，小小
溫情的重量
讓潮濕走過的語言發光，生命發亮

而這裡，有一種信仰：平凡
讓遮蓋在頭巾之下的
名字，默默
只想著一家炊火
如常
升起的三餐

金寶 · 矮子鋪（I）

草澤中的螢火，從克蘭芝河迷入
昨夜燈光黯淡的老街

時間靜止於1883，歷史盤踞在木樑
之上，亞答葉的屋頂下
影子來去，述說了生死與離散

窗口擦拭出晴朗，有人吆喝
蔬菜穀米，加上
生活的醬醋茶，在泥塵浮盪的商街
日子讀懂
風雨洗刷過牆上斑駁的話

換上屋瓦，抬頭可以看到古廟的
香火，裊裊
升成天上的浮雲，如觀音，住在
遙遠的山上

夢醒來，老店排成了一行文字，寫著：
「時光如此兇猛，吞噬了雪房
　　卻吐出，野草與廢墟」

2011年，用一杯咖啡，把南美茶室
送走，記憶翻過身
卻是最悲涼的姿勢，找不到
一首詩，快樂的朗讀

最後，只能以火焰熊熊的聲音，說出
壯麗；以灰燼
嘲笑，無人讀懂的歷史⋯⋯

後記：由原有四排而剩下最後一排的百年矮子鋪，在2012年10月15日凌晨一
　　　點，被一場大火盡全燒毀。華人，並不懂得保護自己的歷史。

金寶‧戲院街（II）

戲院街卸下了故事，熒幕換成
人群離散後的煙
氣溫逐漸升到三十三度
陽光龜裂了懷舊的鄉愁

離開的人都走成了霧
消失的臉，偶爾
會在老人夜裡的記憶出沒

一些小名
曳著嘹亮的笑聲
跑出街尾，然後駝著背脊回來
成了過客
靜靜把自己讀成
瓦煲飯下

四處離散的星火

而那些被光陰刷過的小街
都老成傳說
蜿蜒向回憶的深巷，並在
歧路與歧路之間
走失了
許多留在身後的眼

山被摺疊進詩冊了，與暗夜
消失的星
夾入夢裡，成為薄薄一片
風聲，喚醒漣漪和
燈火，——
消逝在子夜漆黑的湖岸

阿羅士打·Pekan Rabu

星期三，神們都雲遊去了
沒有人默誦經文
只留下Haji，和路過的風
說起那年

那年馬哈迪曾在此Goreng Pisang
木柴在灶中
霹哩啪啦的響，油鍋下哀痛的
火光，照亮了
無數日本武士刀上的血
火紅的夕陽

夕陽斜照鷓鴣聲。轉眼幻化
成了煙塵
在四輪車四處停泊的街邊
馬來小販擺賣
國家經濟計畫烘焙的蛋糕，以及
Nasi Lemak

星期五壓低天空，星星都在
祈禱。爪夷文
寫出阿羅士打的山水，或吐出
每個店鋪空洞的骨架
看一群麻雀
啄食人們撒落的麵包屑，在空中
飛起
又落下

長廊盡處，有人問：Hang nak beli ape
與鏡子的反光
拭去了一個旅者匆匆的行色，和
不敢回眸的探望

安順・斜塔

夜的眼，讀懂象徵主義的隱喻和

神秘，子夜過後

時光如洗，我們在塔下尋找

一顆失落的星

閃爍，像夢的眼睛
沿著傾斜的塔攀爬，就可以靠近
銀河的水邊，垂釣睡眠

而那些離家出走的流星，都會
回來嗎？
回到燎記，吃一碟豬腸粉
或寫一首詩
寄給青春湮遠的記憶

我們的想像在光柱上穿梭
看鎮上排列的燈火
照亮一家家屋瓦下如浪起伏
掀起的鼾聲，安安
順順
淡遠如歌

遠方，礦湖寂靜，記錄了所有故事
輝煌和沒落
在時間走了很遠，很遠
之後
有人搭上了夜車，有人依舊
在這裡平淡的過活

檳城・渡輪

船後的浪花繫不住一座島嶼
無數昏晨
行駛過的海面
魚群在看不見的地方出沒
追逐光
以及不斷生滅的泡沫

來來回回
英國人都走了,只留下
此岸和彼岸
潮汐高高低低的對話:

「樓更密了、車更多了
　海更窄了,人心也更難測……」

檳榔嶼已經長不出檳榔了
夢的梯子
只能寂寞的爬上光大
看星辰垂落，美麗了燈火

日子浮沉，交錯而逝
像兩隻輪船悄悄替代，平行
而過
沒有人驚呼：
「一世紀了！」海風放走
許多傳說
都走入島上樓與樓之間的
深巷裡去了

而碼頭依舊守著，島上與海上
所有的風雲變化

吉隆坡・蘇丹街

殘陽照落一街的腳步聲，車流
如水，不停的來來
去去

去去就來啊故人，中華樓的咖啡
飄潑出舊時光
古老
濃醇的香味

肉乾店前的煙，卻燻黃了
蹲在門前
一個老人缺了門牙的笑，和
晃動的影子

燈籠亮起了百年的繁華，南洋
在這裡老了
坐入一個被人遺忘的角落，看一群
老鼠，從陰暗的水溝裡
橫行而過

陽臺上的曬衣杆，伸向
不斷被拆除的
老牆，福音堂、樂安酒店和
一排排　一排排
記憶的滄桑

而路邊小販的鍋火，在乾燥
空氣中爆開
一朵紅焰的晚霞
燒亮了
旅人匆匆留在身後的暮色

馬六甲・聖地亞哥古堡城門

風沙嵌在磚石的隙縫，五百年了
戍守的人
都已回到故鄉，牧放遠方

雲一朵，一朵的
飄過

只剩下收藏風雨的城門，在不斷

剝落的歲月裡
不斷複習
堅硬的孤獨和寂寞

煙硝也太遙遠了
站在葡萄牙人肩上的金剛鸚鵡
已飛入
英國人的籠子裡
學著英語唱：
Welcome，Welcome to Malacca

舯舡都睡入麻六甲河，漣漪無聲
擴大了夢
卻看祖先的足跡
上了岸，又全消失在歷史的岸上了

而碎落的石頭鎮壓住了自己的影子
在山丘上
眺望，海，以及波浪
以及波浪後面，波浪的波浪

（五百年了啊，雲一朵，一朵的
　飄過）

馬六甲 · 河岸

燕子掠過水面，剪下了一片晴光
窗開向
尋常百姓的家，有人想起了鼠鹿
樹，和
一個失落的王朝

水聲被野放到想像的蠻荒
漫步的故事
行經歷史的水岸，傳說的孢子
在風中四處飛散

Parameswara已躲進教科書裡去了
午後雨
刷亮了紅瓦的屋頂，鴿子
咕咕，叫醒
一艘遊船，悄然從夢裡航遠

教堂的尖頂有鐘聲響亮
搖落聖歌
在水上浮漾。荷蘭人在此走過
想起風車
想起辭典裡匯合的河，都在
生活支流裡——
沉默

小孩歡快跑過廊道，斜光穿過
橋底，溢出明亮
照著一面一面走進世遺的牆
潔白潔白的
微笑

河繼續流淌，流成了一條
旅遊冊子上，美麗的
意象

豐盛港

風從港口吹落古老的鄉愁，Mersing[1]
愛情的故事
卻種下了，一個風和日麗的海洋

西刀魚丸麵粉喚起剛甦醒的胃腸
或一杯厚黑的咖啡
催動一夜停泊的船隻，開向
河的前方，旭陽照亮
夢的方向

---

[1] Mersing，來自一個馬來愛情的故事，即一個名為Amir Singh的，帶著彭亨州蘇
丹小妾私逃到這地方，因此取其名而稱Mersing。此地面向南中國海，魚獲豐
富，故華人南來駐此，將之命名為豐盛港。

翻開河的每一頁波浪，都有一代
一代人的快樂和憂傷
有魚有蝦，有風有雨
有明亮與
黑暗，書寫在每一家生活裡
日記的偏旁

而樹在生長，像孩子們開出了
希望的枝椏
沾點露水，就開成了花，然後
被風吹走
彷如一些足跡
消失在Jalan Abu Bakar的街上

出海吧！島在呼喚
拉哇、詩布、丁宜、登雅或尾端
銜接珊瑚絢麗的彩光
靜靜，照亮了
河的前方，夢的方向

金馬崙·鄧長權

當英國人在寧靜的茶園，用一湯匙
時光，閱讀半頁海外殖民史
被山吐出的雲，卻在
另一座山頭，下成了流浪的雨

而他每天都翻出了自己的背脊
朝向天空
在一畦畦菜園上努力閱讀
自己的命運，用彎下的腰，丈量
生活的面積

菜籽掙破土地的剎那
有童詩，快樂坐在清晨的露珠上
純真的笑起

滿山蔬果也認識了他的腳印
在一群群牧放的文字裡，三十年
風雨，穿過
故事的悲喜，綻放成
山中
最寧靜的一片風景

遊客來，遊客去
草莓園裡摘下的一朵天氣，都在
冷力小鎮
二十攝氏的記憶裡甦醒

晚來就只一瓶酒了
壓住所有出走的回憶，在霧已逐漸
消失的年代，看草木
褪向遠方
褪入被年月不斷砍伐的山脈
蜿蜒成河，尋找
天地的壯闊

明朝醒來，沾上泥土的腳跟
在這裡
卻長成一棵鬱鬱然的雨樹了

雲頂·纜車

「為了一次不悔的相遇，懸著一朵夢
　如雲飄過了妳的髮梢
　滑向氣溫逐漸下降的傳說，星河燦亮
　一座不夜的城……」

風讀出了林的幽深，伐木恫恫的聲音，在心裡
有慾望唱歌，晃盪，如押韻的賦格
輕輕彈奏一曲白晝和黑夜的輓歌，輕輕
搖晃，在樹和樹
伸張百年想像的枝椏之上，綠色
把山巒，寫成了一頁波浪，一頁光和影的遊戲

「一座不夜的城，我們沉溺於一生輪盤上的
　命運，愛情的絮語

押成籌碼，投注了一次又一次
盲目的輸贏……」

在海拔一千八百六十公尺的深淵之下
有時晴光，有時煙嵐
有時在迷途者的迷途路上
擺渡，一顆顆
失落和喜悅的心，上上
下下，滑行於峰頂與谷底，現實和
夢幻的平行線
迎來彼此來不及驚呼的冒險

「盲目的輸贏，決定了一場
　永不回頭的愛戀
　在每一扇封閉的窗口，骰子滾動
　叫醒了夢中的世界……」

闊嘴鳥飛過樹梢，拍動風的羽翼，閃入時間
深沉的內裡，葉子飄落
覆蓋一座森林，霧、陽光，和原始的秘密
穿行，並收藏了所有風裡消失的臉

登嘉樓‧海岸線

浪濤不斷拍老了岩石，那些
遺落的星呢？
都落成了
登嘉樓上，一窗茫茫的雨

椰樹都瘦成一眼眺望了
夢在跳舞
奔跑的海風正北上，向城裡
匯報十二月
雨季的訊息，漁村的
低語

長長的海岸線串起了一行詩句
浪花旋開
旋落，成了詠嘆
波光的倒影

時間駐足於海洋遼闊的意象裡
透明如甕
儲存了無數亡逝的光
照亮
寂靜的四野

而馳過的生，馳過的死
馳過的明暗
都凋謝了，在二百四十公里外
被岸線
拉著競跑的天空，只剩下
遠方，一雙
找不到自己的眼睛

旅程中，那是一首綻放的歌
是一路
不斷
翻逝過去的遺忘

興樓（Endau）‧泊船

打開天光，就打開了興樓的港灣
用一條河，劃出
虛線，把柔佛留給南方的寂寞

鐘樓屹立於歷史的邊岸
時間揹負
地圖的弧度，在鷗鳥掠過水面
魚潛入想像
礁底
以鰓，問候沒有邊界的遠方

船列隊，交出了航線
前方的海天，巨大的遙遠
暗潮書寫
浪聲，把霧寫進了
漁人的眉角

而背後的橋接上彭亨的故事了
傾耳，聆聽
廢棄的鐵礦場有打鐵
叮叮，從一九三〇年的煙囪後傳來
散成水月
婆娑，照著一河流水而去

守候成了必然，在小鎮邊陲的
盡頭，End Town
老去的時光，靜默守著
一座水域
兩岸
最美麗的寂靜

居鑾‧Rail Coffee

時間在這裡叫出明亮，因為沉靜
鐵道的枕木
排列出夢的秩序，以軌音
標誌：一九三八年，回來或離去

清晨刷出一群口語，沒有歧義
像濃泡的咖啡
讀懂故鄉的口味，讀懂一些
陰影，在膚色偏旁
加些糖，多或少，甜或淡，摻雜
一點點
馬來西亞的想像

沒有猜疑的眼神可以解讀啊！halal
或tak halal
再加兩顆半熟的蛋，淡淡的

幸福，夾住
烤熟的兩片麵包，釋放出了
山城的味道

那些尋找nasi lemak的味蕾，懂得
語言的風格
穿過時間，看繁華掉落
懂得
舔去憂傷
看時光，兩面的滄桑

寫在明信片的祝福，都老去了
你讀懂了嗎？

青春卻在記憶裡偷窺，一列火車
悄然，從生命裡開走

北根·Teng Quee路

Teng Quee路，遺失的中文名姓
住在歷史的一端
老店和浮雲，孤寂如
燕子飛走的
屋簷，斜陽照落的六月
斑駁了
風雨，一窗蒼茫的臉

Tun Razak走過，李三春走過，Najib
走過，三輪車輾過
短短的一生，蜉蝣之羽，塵埃
飛揚和沉落

蘇丹阿都拉回教堂的午禱，凜然於心
一街鴿子，咕嚕
咕嚕，留下了一片寂寞

浮萍在彭亨河上漂遠，摩哆車
繞過，列聖宮
彷彿兩百年，光陰的逆旅
有人赤腳行來
叫醒蠻荒，叫亮了夜

而蘇丹阿布巴卡博物館前的老樹
搖落，百年的枯葉
為風的傾斜，重新編纂
年輪的圈數

星辰曾經在此迷路，北根。許多人列隊
走過，在Teng Quee路
——走成沒有中文名姓的霧，不斷
不斷在一頁
空白的歷史中吞吐

喬治市‧周姓橋

你姓李，他姓林，他們姓陳和楊，我姓
周，都漂洋入海
成為島，島上流放土地的子裔，以漂泊
坐在浪聲上，閱讀
浮漾的生活

把十九世紀耕犁過來的家，掛在日子的
網眼中，閤起來
是合十的悲喜，和奮鬥

當英國人相繼離開，浪留下
木屋成排，換了一代
又一代的福建話，搬運湮遠的故事
流離和繁殖

一些姓氏回歸了陸地，或住進高樓
藍色的海峽
季候風吹過，世代成家，如
寄居蟹
溫暖孵著夢想，一年一年的茁壯

貓躍上二〇一六年的屋頂，周姓橋
延伸向三百米的歷史
看鹽漬的繩
緊緊繫住每個走過的文字，笑和淚
招徠，所有遊客探訪的鞋

累了，就來杯榴槤雪糕吧！本土的
然後看明朝
天公誕慶，鑼鼓的掀起

大山腳．聖安納教堂

聖潔的光，瑪麗亞，一枚星在白晝中閃爍
沉靜，如天使明亮的眼睛
穿過星期日唱詩班的音樂，讓白色的火焰
裸身而立，讓音符
踮起腳尖，在所有信徒的夢裡安詳起舞

（潮州話卻在山腳下流竄，日新，日日新
　看青春
　一一出走，只剩下老人和神們遊行，穿過
　伯公埕，穿過玄天廟的香火
　穿過戲臺和巴剎
　抵達了，陳政欣小說裡的武吉）

而舌尖上，武吉茶葉舒卷如雲，淡定如
瑪麗亞的微笑，在暗夜
點亮心房，踏著石階仰望，山和
樹，一八八八年
讚美詩拉長了慶典，拉高了記憶的稜線
讓一個時代，在燭光裡
說出自己的語言

（粿汁暈黃了一首遺失的詩，和詩人失落在
　人潮裡，棕櫚根入文脈，文學
　逃入紙紮店裡，被紮成表嬸的眼神
　和菊凡的笑，被夢
　越吃越小）

瑪麗亞，揹負十字架的人成了十字架了
時光開花，鐘聲牽起
塵埃，探頭跨過了歷史，渡海
而去

（夢裡，一群文字如斑馬在草原上
　自由的奔馳）

吉隆坡：夜・KLCC

鋼鐵開花，獸
穿行於文明的隧道
搜尋
五千年失落的星

遙遠處依稀聽到
萬馬奔騰

擎火遊行的人
在時間
沖走影子的光河裡
打撈出
自己久已遺失的
身體

「當電梯
　升上二〇二〇層樓的上空
　我們
　先進得只剩下了兩座
　高塔」

獸，信仰資本主義的神
和幻想
翻譯魔幻寫實和
後現代的
面孔

彷如一種巨大的意志
不斷繁殖
樓底
深處，六萬年

種族的秘密

而慾望和慾望擦肩
而過
鬼魅一般
穿梭
在亞熱帶都市
跳動的心臟

留下了足跡後
獸
等待末日，散逸
而去

「啊！你看啊你看
　星圖下
　那是我們消失了
　五千年的
　家
　國……」

關丹．Teluk Cempedak

如果海浪懂得岩石的語言
堅硬如水
一笑，就成了一朵花
粉身碎骨的
誓願

所有的蔚藍，也叫得出
少年的名字
那些奔跑的風和

雨，被封緘
成為找不到自己的腳印

風景被目光追逐
悠閒
伸個懶腰，就往一首詩
走去
拈起意象
撒落成了無數做夢的沙

陽光老了
把黃昏喚來，蹲下
看海鳥
掠過記憶而去

翻過一個下午
拖鞋
細數放飛的風箏，以及
時間的水沫
生滅
在深黑的眸裡

「島在遠方呼喚
　為遠去的鯨
　追悼一片虛無的遼闊」

如果海浪懂得岩石的語言
愛情佇立
等待挖掘出一片埋葬了
千年
美麗的魚拓

怡保：Birch・歷史紀念碑

逆著虎的足跡回到雨林的歷史，記憶的煙
謎一樣潛入文字背面
並隨著英語，蜂擁向近打河流域

而馬來劍曲折如蛇，睜眼
吐信，偷窺
一波波圍繞著Pangkor島的潮浪

Birch信步而來，撥開熱氣滾燙的太陽
穿過赤道叢林和野草
站在錫苗深藏地殼萬年的丘上
面對蛇鼠和
俯瞰遠方海峽上日不落的鄉愁

那煙向四方開張，向一些被殖民的故事
湧入，沾墨的雉尾毛筆
以蟹行的文字侵吞了蘇丹的傳說

林木冒汗，樹影縮進字裡
Birch挺胸向前，邁向籬笆築起的Istana
看一群鼠鹿不安亂竄。而雨
翻過了遠山，陰陰漓漓向霹靂洞掩來

（傳教士的腳步聲也輕輕掩來，啖過山竹
　　紅毛丹的舌頭，散發了上帝清亮的歌聲）

Birch挺前，犁過稻田的水牛紛紛走避
稅單咬住了Raja的夢
疼痛從神經末梢傳到了一座座馬來村落
驚醒了土地和茅草

彎曲的蛇隱藏成了溪流，在Pasir Salak
1875年的風吹過沙岸
竹筏上撐竿點水的少年，喚來漣漪
一點一點，把Birch送進了
時間的空闊

百年之後，我佇立碑前，在回教堂矗立的
後面，昂頭看鐘樓的時針移向
八點，Birch
高坐於1909年的石墩之上，微笑
揮手，向馬來歷史說：
再見，再見

吉蘭丹‧道北站佛

以無數劫時，見證
陰影四處流竄的須臾
風過耳
悟與不悟，都做
恆河沙數

行者念空
知色，（念色，知空）

不臥不坐，不睡
觀眾生
在心中行苦難之路
生和死，不斷
在微塵上
翻覆

翻逝如至小渺遠之因
果自生
自落
一拜，南無佛
北無佛
東無佛，西無佛

佛在心中，和不在
合十
我來是空，我去
是空

佛站著
明日
還有千里待行……。

麻坡‧麻河水聲

逆流而上，歷史佇立在河口
散髮的風翻閱
時光
流離在水上的傳說

（河岸記錄了拜里米蘇拉行過的
　腳步聲，記錄下
　蘇丹阿勞烏丁逃亡的行蹤，和
　岸邊的石頭
　睡過五百年湮遠的大夢）

所有遠去的水痕也讀懂
生活，船來
船去，擺渡了一世紀的煙火

當丹絨亞葛的渡頭，卸下了
最後一枚落日
呼渡的喉嚨，再也召喚不來
1967年後
一艘艘
船隻遠去的水紋

（香妃揭開窗紗，城樓遠眺
　燕子掠過水上
　寫下的
　詩句，全散成了天邊一片
　嫣紅的雲朵）

橋串起了兩岸遙遠的回憶
水牛
翻種的蹄跡，都長出
滿天星
和水面不斷晃動的燈影

蘇丹依斯邁回教堂的晨禱聲卻
放走了一群
白鴿，在河的左岸
南與北
Haji們戴著宋谷無聲走過

（日軍的尖刀，洗過華人的
　鮮血，讓河
　喊痛
　老樹憋著氣，沉默
　看日本木屐
　隨著1945年的河水
　無聲流走）

而海的潮聲，遠遠呼喚
洄游的魚，循著
Tanjung Emas的方向，快樂啊
快樂的回家

古晉（Kuching）・貓的故鄉

貓躍入黃昏，蹲在時間的深處，或穿入
海唇街舊巴剎角落
逼近歷史的後院，向1842年
探望

或更早，更遠，更原始於卡達山
清澈的眼睛
看白人拉者點亮了他們的槍砲，喚醒
文明，一步一步
耕犂過，他們祖先荒蕪的夢
和身體

甘密樹上卻開滿了潮州話與福州音
繁衍了一地
兒女，哭和笑，和一代又
一代，歲月的花果

貓躍過了大伯公嶺上的古井，轆轤
吊出的水影
遊走於龍眼樹下，和一溪
水聲：「ku-ching，ku-ching」，叫醒了
深深暮色裡，天上所有
睡著了的星星

而老鋪排列著記憶，聽亞答街
陽春臺上的潮曲
唱來了離亂，唱去了悲歡，唱老了
一朵鄉愁的雲

在阿嬤的心裡，落成了一夜
淅淅瀝瀝的雨

馬來語和馬來語牽手，走過打鐵巷
火花迸開
生活，和汗水譜成的音符
敲打出
一個時代遺忘的歌

James Brooke已睡成了銅像，英語
爬行過貓的背脊
隨著砂拉越河的潮聲，退出唇角
故事的邊疆
退出了歷史的長屋之外

貓無聲回到吳岸的詩裡，躺成
九行童年的記憶
「妙」，悠悠，躺成了夢
夢裡
永遠的故鄉

詩巫·夢的窗口

野鵝飛過的一條江水，肥沃了夢
拉長歷史
穿過綠色的心臟，向荒蕪的
故事，進入……

（赤道風吹向新厝安，紅溪
　以福州音，吐出
　每個
　消失在時間裡的名姓

　而黃乃裳五十二歲的鬢髮，揚起
　在瑪蘭瑙小莊
　和南來的雲

借去了一千一百一十八人的身體
留下
腳印，踏出一片
日月，一地繁華的燈火）

進入揮灑著汗的文字裡，種出
日光，種出
可以讓味蕾跳舞的胡椒，種出
詩的微笑

（富雅格卻把自己站成十字架了，接住
　天地，讓伊甘河
　從自己的身上流過

　上帝坐在教堂上
　看著
　一群天使從曠野上慢慢飛過）

有人把星星摘下，放在一闋詞裡
讓它發光，讓它
照亮
每個離鄉孩子的背影和
老去的滄桑

（黑烏鴉棲止於枯枝之上，蕭殺
　一段傳說
　1949年，所有街巷都在逃亡
　為總督之死
　哭醒了兩岸奔騰的潮聲

　而大雨改朝去了
　烏鴉的幽靈回來，卻立成
　一尊不朽的銅像）

永安亭的大伯公，默默守著一枚
月亮
生和死，來和去
或和你
啃同一塊光餅，吃同一碗
鼎邊糊
然後吐出香火，看──

一彎江水如鵝頸，輕輕
把夢
掛在所有人的夢裡……

馬泰邊界・Pengkalan Kubu

一條河隔開血緣，讓語言
叫不出
共同的身世，共同的
膚色
在陽光的曝曬下
龜裂
成為兩岸，風中招揚
兩面的國旗

北大年，吉蘭丹
王坐象以戰
赤背
呼吶三百，荒野疾行
血肉廝殺
星垂落，神鬼

俱滅

一條河遺忘了一條河的故事
土地與
根，落葉
忘了
咬住枝椏最初
最初的陽光

船載來季風，載走雨季
此岸，彼岸
相望裡
有魚，游向了蒼茫的海口

小小的港
緘默
讓吉蘭丹土話和
泰語
不斷，彼此相互跨過

跨過，王
百年的遺體，成為
潺潺
不絕的水聲……。

巴生河

從歷史遺棄的一段詞
落在
泥濘岸上
舢舨來去的從前，樹影
全被收進
河的水聲裡了
蜿蜒的記憶穿過亞答屋
殘喘成
風，拂過
短短的葉亞來街上
一百年了，水泥擠壓的夢
長出
遍地鋼骨的牢籠，和
千萬扇窗的
燈火

日子不斷走失，在漣漪裡

有人呼喊：

bersih，bersih

污染的水流，繼續

以腥臭

書寫，另一段未來

更腥臭的歷史

怡保 · 火車站

鴿群拍翅而起的天空
叫醒了怡保

1925年的老建築，與陰晴不定的
歷史，一起眺望
夢來回散步了兩百年的草場

從舊街場撤退的一些故事
很粵語
在天津茶室裡，掛在
白咖啡的杯耳和杯耳
之際
晃晃　盪盪

薄霧早已消散了，只留下火車站
很殖民的，送走
所有人來人往的腳印

只有雲，翻山越嶺
在一首史詩裡下成一場雨
流入近打
成了浩浩蕩蕩的歌
唱出了繁華

而掏空的錫沙，夾在史冊
隨著馬來文遊走
向傳說
並與一張明信片，等待寄給
被火車載走的童年
以及，曾經失落了故鄉的
自己

白沙鎮（Pasir Puteh）

歷史廢墟上長出的繁華，都熄滅成
昨日的星光，在暗夜中
燭火吞吐，記憶裡的一個個小孩
都出走了

如今我讀懂陽光和藍天的晴朗，街上
燈柱彷彿聆聽
一些夢
在時光裡慢慢消失的聲音

身體裡流淌的一條河，再也
不回頭的蜿蜒而去
留下兩岸的雜樹低低，垂釣自己
水上寂寞的倒影

沒有人再回來這裡了，一排木屋內的
回聲，震落幾許灰塵
在一些已經被遺忘的名字之上

衣魚穿越，無數的詞，都漸漸
走成了湮遠

那曾經留有我乳牙的屋頂，老舊
腐朽，深陷在
一個個，不斷死去的夢裡……

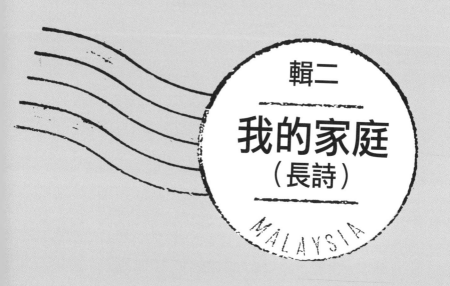

輯二

我的家庭
（長詩）

MALAYSIA

我的家庭

1938

夢裡的南洋，被一艘大帆船牽進
一行英語上
穿著唐衫的潮州話，脫下
只剩孤單的尾音，緊緊勾住
赤道的夕陽

每條街都叫鄉愁，每個鄉愁
把晝日扭出了汗，把黑夜
扭出淚水
卻讓飢餓的胃腸，蟒蛇一樣
蠕動，熊熊的怒火
燒焦了回憶：
「唐山啊唐山……」砲聲穿過身體
隱隱，響自遠方

而英語不斷在舌尖上迷路
馬來話卻艱苦遊走齒縫之間，說：
「Aku」，父親
寂寞坐成了一尊瘦瘦的佛

在米字旗的旗杆下
把一天一天逐漸縮小的影子
坐成沒有根部
流離的
樹

1945

異鄉的樹排隊走進片假名裡
讓青春
找不到母親的身體

而褪掉的童音跟在
田中先生的腳步聲後唸：「私は日本人でした
私は日本が大好きです」，日子
餓得只剩下一枚赤亮的太陽
掛在
看不到白雲的天上

昭南三年，武士刀削去青春的面孔

木薯的根鬚，繞到了肚腸
開出
一朵枯萎的木槿

揭陽的小腳丫
踏出外祖母的聲韻，躲在
木屋門後
偷窺雨季從潮濕的樹影中
迅速撤退

蠻荒的陰影卻沉沉壓進了夢裡
如坦克車輾過記憶
嚇得燒燙的火，四處驚走
把夜驚成
小小攢著的拳頭
抽搐的臉孔

從豐盛港南下，浪聲敲亮
黑色的岩
母親翻過一頁歷史
翻開了

一頁青春的笑

1949

大姊的搖籃搖晃著流放曲，武吉知馬
黃蟬開滿庭院，牽牛花攀上
窗口，鐘擺盪向左
盪向右，盪向一朵雲和一朵雲的尖叫

倫敦橋要垮下來了，垮下來了
日不落家
夕陽拖長了一個英國人回家的影子
晚餐和回憶，在島上
孤單的對話

南洋已被收進中華人民共和國的故事裡了
麗的呼聲喚起
父親體內澄海的山水，崩潰
成淚
流不回故里的山河

大姊的搖籃，搖到父親的愁眉上
潮州話貧困守住
石叻的生活，並壓住了一封家批：
「吾兒收閱
　　茲因父已年邁，時多微疾……」

風與墨痕，與門外一雙破鞋
與受傷的燭火
在暮色黯淡的光影裡明滅

（丹戎巴葛最後一輛火車，在搖籃裡
　穿過雨季，永遠離去）

1957

母親在廚房裡，撥開灶裡的柴煙
看鍋裡蒸熟的一尾草魚，張開嘴說：
吃我

吃我，在食譜邊緣，爆開的豬油渣

也吧滋吧滋的響
像收音機高呼的Merdeka，吧滋
吧滋的響

一家四口，圍在土油燈下
把空洞的夜填滿
而God Save The Queen，一步一步
退到木屋之外
擁抱黑暗裡巨大的空寂

貓頭鷹在叢林裡，把遠方啼叫得
更遠。更遠的海
有風浪不斷澎湃，隱密的
吞噬了
看不見的沙岸

父親捲起紙菸，吞吐迷霧
年月深埋的臉
像荒野，面向一片茫茫的未來

1969

沼澤不斷擴大，不斷擴大夜和夜挖掘的
秘密，在三姊的抽屜裡，死了
幾隻蚯蚓和螞蟻

匿藏的影子虛構了一場遊戲
鬼抓人，說話和呼吸成了禁忌，三姊
躲在門後，憋氣
看一群鬼列隊走向歷史空白的一頁

華語躲入桌下，低頭看不到肚臍
只留破碎的四音
夾在海峽殖民的英語之間
出賣
自己瘦小的身影

沒有人回應，腳步無聲踏出冒汗的夢魘
塵埃累積陰影
封緘所有訊息的出口，影子和
影子，交換了微笑

然後把遊戲繼續延伸下去，向1970

三姊睡進馬來語裡，鐵樹開不了花
月光和鬼影，那年
卻開成一地的罌粟，茂盛
殷紅而美麗

1975

「去年舊池塘的蝌蚪都變成青蛙了嗎？
　　一畦地和一畦地，種些
　　海棠和朱槿，苦心，卻可以擋住風雨」

十二歲的吉蘭丹土話，走向英制改型的
國民中學，華小在背後，飄搖
一如去年建交的新聞
像樹影，被風吹到了夢和夢的邊緣

外婆駝入記憶裡面，從故鄉的煙霧裡
找不回自己。龍眼樹葉

遮住童稚的眼睛，翻動心事，那道
長堤，擋住
跨出的腳步，出走的方向

馬來文卻全面佔領了我的時光，在課室
國族主義教我起立、行禮
坐下。叫我
要像向日葵一樣，仰頭，大聲的唱
Negaraku

歷史和光影比長，夢很短
脫掉母語，剩下赤裸
讀不懂身世
外婆說：忘宗，像那些馬華，賣掉祖產後
都紛紛Dato去了……

布米之子們從教科書走出來，笑問：
寄居蟹移民了嗎？

沙岸很長，寄居蟹很小，外婆很老
我的華語卻在ABCDE裡

找不到
回家的路

1983

東北季候風交叉的路口，張望的眼神
在雨水和考卷中翻飛

然後漏題，然後重考
然後STPM把夢綑成一顆球，投向
看不見的遠方
年輕的海，翻捲每一片波浪，翻讀著
風吹裡澎湃的自己

二姊像船隻遠揚，航向陌生的港灣
開拔的錨，隱藏了神秘的航道
讓肉身成為異鄉的想像

而撥開雨霧，海岸線把寂寞拉長
埋下的種子開始萌芽

爆響，如輕雷
穿過母系陰鬱的雨林，編纂
赤道的童歌，搖入了凹陷的命運

（私營化的怪獸，隱匿於歷史的隙縫，隨著
　　Mahathir的目光，從國庫到
　　黨庫，向
　　普米布特拉大道前進，一直通往
　　2020年光明塔的頂端）

做夢的痛，二姊知道
光被壓在漆暗的厚土裡，火被驚醒
蝴蝶飛過薔薇
留下暮色的笑，在背後
漓漓了一朵，幽黑潮濕的野玫瑰

家已垂老
國安法令在街頭遊行，歧路漫長
把夢，釘死在廚房
夜牆上。像釘死一隻開始黨爭的
蟑螂

二姊安靜如微塵，安定在
自己的故事內裡
並等待來年的雨季，把自己
輕輕，覆蓋成
一句沉默的詞語

1987

Lalang liar membiakan diri
di tanah gersang
yang permai, serta menutup
sinaran mentari
menjalar ke merata-rata

大妹迎接一個嬰兒的誕生
在槍聲響起前
旭陽，照過大漢山脈的峰巔
與百年雨樹
閃爍出光的色彩

夜霧無聲穿過夜的邊界
穿過夢的
身體，寂靜
如侵蝕詩意的詩
等待，一場巨大的追捕

Kata-kata bertabur di halaman
hati, angin mengejutkan
mimpi ngeri
di sana dan di sini
membawa seribu sepi

Siapa menyimpit bahasa Ibunda　　繼續用母語哺乳啊
di kamar diri　　　　　　　　　一首童謠
tanpa sebarang bicara　　　　　搖籃一般，搖向日底
membiarkan lalang　　　　　　搖落薄暮，搖出了
menyesap ke penjuru rumah kita　一家燈火

許多影子倉皇，奔走　　　　　Tetap merenung
如蟻，穿梭於油墨中文字跡　　di tanah peranakan, kehilangan
穿梭於華語新聞上　　　　　　pijak ku
穿過歷史蜿蜒的小徑　　　　　dalam debar yang tak terhitung
成為一片　　　　　　　　　　memaksa
鐵柵裡四處喧囂　飛揚的塵屑　mimpi mendiamkan diri

（Bisikan lalang menyebarkan sejuta makna, di pinggir jurang
　　malam tak seorang pun, membawa pelita, balik ke desa）

大妹依然睡在起伏不定的夢裡，茅草搖曳，霧氣升起。迷路
的河流穿越了所有埋伏的叢林，穿越時代，穿越黑暗，卻仍
未見，天光大亮。

1992

那些穿過沙漏的星子，都為死滅的星光
悼別，鐘聲回到教堂的暗夜
隱藏自己的情緒，並聆聽風鈴木
爆開一樹火紅的花朵

Basikal tua，輾過歌者傷逝的歌曲，掀開
風小小的裙子，時代裸露出
一首華麗的詩
在二妹的練習簿上，修辭溫柔的呼吸
跳舞，然後
散步到一座無人居住的島嶼

把自己從心裡放逐出去，像淚出走
留下眼睛回望，身後
走來的步履，把二妹走成一條思念的
路，走成神祕的花園

「無法描繪，雲的具體、時間的內裡
　死亡與誕生書寫的一幕戲劇

背對背，都成了彼此的奧秘，和
遙遠……」

此刻，誰偷走了誰的時光？在
成長史上，二妹從去年的宏願宣言走來
鏟去昨日的晚霞
點放煙花
璀璨，照見那些扶持的影子
都已紛紛成形了

而國家依舊把二妹遺忘，在大學的門後
稻浪退向很遠，神們
高居廟堂，依舊
貪婪煙火，卻給了未來一個
虛無的夢

那年，沒有人出走，二妹把自己
走成了歌，走成了異國

1996

教育法令最終漏夜長出了新芽，穿插秘語
滋長出一頭歷史的怪獸，無形
無聲潛入夜，守候
在華小和獨中各個學校狹隘的門口

遠方，臺灣海峽煙硝瀰漫
空包彈以最高音階
為第一次全民直選的總統壓韻，而波濤
洶湧，不斷向一座島嶼
致敬

小妹從風裡把拴不住故事的髮梢綁起
攤開記憶地圖
生活往事像洗衣機裡皺褶的巾布，遮掩
不住，時間的污垢
軟弱無力癱瘓成一則年輕的敘事

天使還在童話的天空裡飛翔嗎？卸下羽翼
行走在人行道

黃昏就落下來了，夕陽被磨得灰暗
與清真寺的禱聲
壓低眉角，壓住瓦斯爐上
小妹疲憊的晚餐

世界在這裡擁抱，世界在這裡離散
蟋蟀在尖叫
死亡張牙舞爪的在父親的肉體內
狂笑，被火吞噬的
故事，剩下骨灰在瓷罈中沉默守著
一個空無的隱喻

千禧年與末日，遙遠而臨近
書寫了一則頹廢與華麗的身體，在小妹
離子燙的髮型上
暴雨也從銀行街，無聲無息的奔來……

2000

烈火莫熄已熄了。黑眼圈脫下昨日的眼鏡
看透肛門，讀懂了黑暗
最黑暗的一章。鐵柵欄知道；民主也知道

知道魚頭臭了，一腰腹的壞水
溢出廚房，熏死了一黨嗜腥的蒼蠅

母親說：
「丟掉吧！把它們全都送入歷史」

歷史需要跋涉，遙遠啊
一如逐年被波浪侵蝕的海岸，後退
再後退，退到
只剩下一張口，無聲的吶喊

母親說：
「丟掉吧！把它們用火焚燒，用土埋葬」

埋葬掉歷史的骷髏，並在黑暗裡

把自己，種成一束光
重新復活

而母親跨過了七十的門檻，擅長遺忘
慈悲的遺忘背叛，淡定
遺忘未來
白髮下皺紋裡迷失的路，千禧年
聖經中的　啟示錄

（三千里外，有人已在島嶼上改朝換代
　此處的海潮卻潛伏於
　六萬年土殼的地脈，夜般的黑
　不斷襲來
　在母親沉睡的瞳裡，白內障逐漸硬化
　模糊……）

禱詞靜止，時間佇立
母親退回廚房，洗去水盆的污漬，倒掉
垃圾，然後期待一天
一天一天，明亮的開始

2008

淚水開始有了重量，滴穿明日的岩石
風轉向
帶走了孩子們瞭望的眼

被植養在心中的曠野，找到了回聲
廣場上的風
找到自由的喉嚨，語言
找到了
翻捲而來的潮聲，越過了岸
成為奔騰

而姪女們投過票後，回到自己的家
蝙蝠掩過的黃昏
火在瓦斯爐上吞吐，魚在鍋裡
煎炸，河倒流
一顆顆芒果因成熟而紛紛
墜下，在這土
這國，這喧囂而無聲的一方角落
蝸牛緩慢的爬過

在停電的晚上，必須點亮燭火
照見影子龐大
貼到家的牆壁上，吞噬光亮
吞噬黑暗

空氣乾燥，小心火燭
清真寺、教堂和種族主義，填空了
遊戲，暗藏星火，等待——

姪女們圍成圓桌，慶祝節日
與寂靜喝茶
並聆聽蟋蟀叫響了一夜的空氣
等待——

黎明走來叩門，磨亮
窗口，喚醒所有失落的城，找回
自己的靈魂

三〇八之後
所有的夢，都一一離家出走

2013

（我們都是一家人）。

潮州話起伏，從單音詞而
綿綿成長，像河流
不斷延伸
向每一個故事的前方

當中年遠遊歸來，老了詞語
也老了
心中野放的鯤鵬

那些四處遊行的烏巴鳥，逐漸
白頭，與母親
駝著背走入掃街者的行列

（bersih、bersih，我們都是一家人）。

然而停電了，臉也黯了下來
路消失在路的盡頭

文字咬掉歷史的某一頁
在五〇五
詩喊痛，沒有人讀懂，你我
喑啞的喉嚨

鐘擺忘了左右，民主找不到人民
我們卻在7-11裡
看幾隻被豢養的小狗，正在搶奪
主人丟下的骨頭

母親啊
許多拼音再也叫不出自己的名姓了
有人卻戴著假髮
穿過學院
用假音，製造正義的高潮

而石頭擦不出火花，腳步只能重新
流浪，在此方和
彼方，潮州話衰老的地方，都是
我們的家

2015

而我們的國呢？

白蟻吞噬掉所有書櫥裡的時光，在這
非驢非馬的陰暗角落
滿地都是雞和鴨啊，都是風雨過後
陷落在夢裡的城

老屋已在走遠的時間裡崩塌，逐漸
廢墟，一吋一吋
佔領了我們窄仄的記憶，和呼吸
喚醒影子
進入沾滿塵光的眼，凝固成
鬼魅的黑暗

（Hantu們全翻過了身，成了Tuhan
　　偷偷運走
　　我們的五十年，二十六億個
　　消失了的希望）

而歲月卻如此被消費，6%之後
剩下的是
我們遺忘了的青春，和一張
找不到住址的
全家照

貓頭鷹還留在山上，遠遠的山上
樹被砍光
一些孢子繼續在風中離散，過了海
把故事
釘成了遠方，把家
重新翻讀成一座　草木茂盛
綿延的山脈

這裡，Hic Jacet……這裡卻長眠著
一首詩
外婆的聲音，父親翻耕的汗水和
血淚，和無數腳印
都被踐踏成了一片靜靜的泥土
一座巨大的墳墓

（而我們的國呢？）

完成於2016.1.30

2018

所有風聲都轉向，在岩石
堅持六十年的夢土上，鏽蝕的鎖孔
將時光
囚禁在一首馬來班頓裡，跳不出
詩的色彩

而大舅洗過的腎，衰老而虧空了
身體，骨質稀鬆
把身世，壓進一叢叢
瘖啞的語言部落，並以可蘭經
丈量，一生
命運的對錯

（廣告裡九十二歲的老人，以白髮
　追悔，沒打開的門
　　尋找一座族群歷史裡可以救贖的神）

那些被風吹走的故事，留下
空白，在大舅
把夢想折角的生活線上，讓苦難
閱讀
一個時代悲傷的歌

（生根的詞彙，全釘死在一個禱詞中
　如銘刻的經文
　　逐字，逐句，書寫了
　　　無法修改，鐵鑄一樣的神諭）

大舅的病痛，不斷侵入
肺，以及
記憶的神經末梢

蛞蝓爬過了夢，流下一行黏液
從大舅脊骨滑落向

已經萎縮
如骷髏的皮層，如地圖，伸向
無根的空無

（老人把二十二年的國族，豎立成碑
　用拐杖撐起，一個天堂
　以土，罩固了雲和雨，最後的
　一朵希望）

大舅用輪椅，穿入五月九日
歧異的夢境裡
讓指紋
按出，家園響亮的拼音

而流離的魂，咬囓了
一座山的信仰
在巫術的邊界，鎮住黃昏，並在
暮色攏起的時刻
他把自己
吐給了故鄉的一座墓碑

（無數人走過，無數人走過

　沒有名姓

　然後回歸土地，滋長野草

　公平的　安靜）

我的故鄉

1. 以童年呼喚樹的名字

畫一棵樹吧。

把童年畫進樹蔭下
跳過
夢的根部，跳過
教室的大門

站立

在燃燒出無數鳳凰花
展翅待飛的
火焰中

仰頭
把所有飄去的雲
都點算完了

再畫一棵樹吧。

讓那垂下的鬍鬚，晃盪
風的影子
輕輕
搖落一地的鳥聲

一地流動的暮色和
排隊離去的
童話

再畫出一座滿城燈火吧。

三十年後
天使們飛了回來，再也
找不到一個
美麗的樹冠，可以唱
綠色的歌

2. 連一條溪流也出走了

記憶裡那條清澈的溪流
也出走了

雨季讀不出
孩子們跳水的聲音和
姿態
和那潛向想像最深處的
魚，一起
被封進了水泥的空白

裡面的裡面，馬來住宅區
卻佔領了我們
留在
岸上赤裸的故事，以及
不斷
抽長的思念

白鳥棲息在牛背上的下午
斷橋和小路

也埋進新市鎮的計畫裡
成了一行
爪夷字

而記憶追不回溪流
也讓寂寞的小孩，不想
回家

3. 膠林內部被放逐的風景

從殖民地圖上借來的熱帶
路標
讓我迷失在膠林的
內部，看不到一棵橡膠樹
流出
母親一般純白的乳汁

被挖空的風景
已填上一排排店屋，一排排的
Harmoni、Bersatu、Berjaya

鎮壓
老去的華文招牌，在
老街

歷史躲在時間後面，偷窺
童年的鬼
無聲走過荒蕪的夜
走過

膠杯卸下的淚，和雨
氾濫了一年又一年的水災

並與橡膠籽爆響的季節
摺入
一冊無人翻開的詩集

那些蜥蜴、野豬和林鼠
也消失於
蔭暗的泥路盡頭，傳說的
最後一頁

Bumicom、Sinaran、Majulah
繼續繁殖，繼續
壯大
一個馬來西亞

4. 義山的燐火在夜裡翻飛

越來越瘦的墓地，被暗夜
圍剿成一段
沒有國籍的詞語，如隱喻
常常被燐火點亮

茅草記錄了流離的姓氏
蟲聲蛙鳴
一片，叫醒碑文，閱讀
自己的破碎

骷髏還在繼續對話嗎？
方言注音的
馬來文，換來一塊永久墓碑

緊緊
釘住了異鄉

孩子們仍繼續流浪，在此方
在他方，在
燐火四處翻飛的月下，尋找
可以作夢的家

而清明留下的廢墟，燐火吞吐
一種寂靜
敘述空洞，夜
以及夜的無邊荒涼與曠漠

這裡很久
很久已經無人回來了

5. 巴刹裡擺賣的本土主義

潮濕的空氣，圍聚
一群吉蘭丹土語，穿行於
瓜果野菜的檔口：榴槤、紅毛丹、山竹
和Duku Langsat
排排坐，說出一串串的夢話

泥土還黏在根鬚，空心菜
無心，而平民
而愛鄉、愛國，愛笑與淚
如一曲馬來風光
唱暖了
所有人的胃

辣椒要辣，才能挑動本土的味蕾
芥藍、菜心、紅蘿蔔
都必須同化
放點鹽，才有日常的湯味

那些叫賣很rojak，像許多

走過魚蝦攤前的
小名，混雜了方言、華語和馬來話
分不清，河與海
蟹與鞋，Ali與Tongkat

木薯與番薯、牛與雞、娘惹糕與
峇峇飯，逗引腳步
來回搜索
一些外來身體流動出的氣味

而六十年，越走越狹隘的
甬道，只允許
童年通過
卻把夢，隔在
另一個遙遠的夢裡

6. Rojak的鄉音才認出我的身分

請用你rojak的鄉音，喊出
我的名姓
喊出我們的親暱
從深深的骨頭裡，喊出我們
早已遺忘的自己

而kampung的月光
追著我們的影子跑，知影和
無知影
都找不到
父母遺落的身體

一些走過的眼睛，很sepet
讀不出
神秘的唇語，you knowlah
他們喜歡喊
我們
Cino topek

「Cino topek，Cino topek」

Wa si令阿伯
唐山縮進我的華語內，舌尖
有狼的
兇猛，有兔子的戒備

有拼音無法拼出的火焰
點亮
早已老去的童年

啊，親愛的，如果你還記得
湮遠
請用rojak的語言，鏗鏘的
再次複誦：

Wa si令阿伯

7. 脫掉故鄉的外衣，還是故鄉

我蹲在華小的影子歪斜了
夢正升高
旗正飛揚
高中馬來課的鐘聲還未響亮

我的中年卻急急趕來
脫去風雨的外衣，脫去飽滿的回憶
脫去所有的隱喻
讀你

讀你如讀我自己

在每一條小路，都有離散的詩
住著
各種音韻，各種讀音，各種
交叉而去的詞語

各種長大和老去的名字
祈禱和消逝

各種愛，以及書寫的意義

讀你，褪去的外衣
赤裸的內裡
一吋一吋的讀你，讀到
與萬物
一起絕滅

我的童年

1. ma

我讀出一種爬行
在第一聲發音的身體裡面，叫出
媽媽走失的語言

「ma——」

彷彿遙遠子宮的回音，彷彿
多年以後，唱著
國歌的站立

「ma——」

爬行，在舌音還不懂
站起來的時刻，夢已經學習
出走

像撲翅的小鳥，「ma——」
在渾沌裡
被語言佔領的時空，想像

森林

有三千萬隻鳥

被遼闊的天空囚禁了

飛翔

子音牙牙，母音沙沙

模仿

「ma——」，如媽

似馬，來

和去，匍匐向一個

鏡子中

幻象的世界

2. 死去的童話王國

我從童話裡撿回了自己，耳朵

聽見，詞語

在夢中

拉拔骨骼向上的聲音

時光翻譯了一棵樹影，和母親
豢養的一群雛雞
黃毛細細，躁動，生和死

那些躲在鏡子裡的影子
都已不見

如種下的月色，種下的火光
都已不見

在潮州話的後面，父親蹲入
故事裡
成了煙一樣的遙遠

Haji的祈禱聲，卻掛成凌晨五點
幾隻蝙蝠倒懸的睡眠
撐住
歷史
撐住了黎明惺忪的眼

黑暗裡的小腳丫遺失在黑暗裡

華語

夢遊去了，只留下公雞

叫亮

我胸口剛剛醒來的山河

（命童歌到籬笆外站崗去吧！像

　小鳥一樣

　快樂的朗誦：Bersatu、maju dan

　Bersama hidup sejahtera）

啊，我早已死去的童話王國

3. 四角號碼

沒有圍牆的華小，華文

用四角號碼

召喚出自己無根的身世

（一橫二垂三點捺，脊骨和注音

　守住了影子，以及

不斷消失的身體）

那些把名字坐成一朵雲
把姓氏寫成一陣雨，把迷藏
躲成流浪的鞋
在荒野的
文字裡，舌頭舐過的字體
都喊出了
童年發燙的聲音

（點下帶橫變零頭，蝌蚪長成
　青蛙，毛毛蟲長成蝴蝶
　一宿一宿
　拆除了夢的宮殿）

我們排隊，檢視自己的頭髮
指甲和方言
在週會裡，挺立如
國旗
等待大風，拍打自己的臉

（叉四插五方塊六，磚

　　和城牆

　　被賣掉一些，還有一些

　　繼續的被賣掉）

遊行繼續，bersih繼續

繼續填充問題，繼續為國家造句

在開智小學

蚱蜢跳進了華文課，吃掉

生字，吃掉了

蠻荒

灼灼的日月

（七角八八小是九，鐘聲

　　排隊，走出教室

　　蟲蟻磨去了鐵質的門鎖

　　麒麟，走失山水

　　抵達不了

　　古典的中國）

抄寫的光陰，沿著藤蔓

攀上隱喻
和麻雀一二，被想像養肥
迷失
在華語
無限空闊的世界

4. Merdeka

阿里是Ali，沙米是Sami，樹林是
婆娑的光影
從遊戲裡逃了出來，說出
Merdeka

歷史，卻埋伏在語言的深淵
發出閃電
為流亡的母語，滴落
抒情的淚

鯤和鵬還躲在莊子的夢裡
神的遺址

留在故鄉的土地
哆啦A夢
把小叮噹的名字吃掉，吐出
星辰和煙

Merdeka
叫我喊出國家，馬來亞到
Malaysia

我摸到了月光，在椰樹梢上
銀亮
如姐姐的嫁妝

煤燈用黑夜的方式醒來
照亮
我的兒童樂園

那些會說話的枝椏，靜靜撥開
一點螢火
結成
屋瓦下常常做夢的星星

我不斷
不斷迷失在馬來文的文法裡
三個音節
加上
三個音節，布穀布穀鳥的叫

Merdeka，Merdeka
和一個驚雷馴養在肝膽深處
等它長大
等它開出一朵紅花，吐出
殷紅的血，我們的
513

5. 身分證

十二歲後，我住在IC裡面
Cina，雨季來時
常聽到池塘裡的青蛙喧叫：Balik
Balik Tongshan

偶爾也住在記憶裡面，等待
自己消失
或把童年搬到異鄉
等待回憶，沒收走過的腳印

照片裡黑白的笑，安靜
把世界
還給兩個指紋
把夢，圈養在肉體外
國家的柵欄

國家縮小，被藏入褲袋
有風吹過
生命的骨朵，咬住生日
等待成長，以及
壯闊

歷史不斷吐出糖果，時代
有點蛀牙
在Tanah Persekutuan Melayu
我們唱歌，上學

把路
走成塵土飛揚的馬來陽光

而從皮夾裡掏出了國，才能找到
自己的家，凹凸
不平
繁殖了信仰，夢與生活

那些劃出的界線，也書寫了
邊緣
寄居和遷徙，都必須填充
在我童年
遠去
如曠野上的一顆晨星

6. 作文

星辰寥落，抄錄的作文
在單線簿上
都放逐如一溪水流

我們都在默背Rukun Negara
燭火唱歌
仰望上蒼，南面朝王，高頌：

「我愛我的國啊！」

憲法教會你我，端坐、微笑
和諧以及
愛

作文如行軍，不可踰越
夢的阡陌
或如盆栽裡的植物
沿著光
攀向上方一個虛無的世界

逗點和句號，卻必須
行禮如儀
必須丈量忠誠、膚色、語言
和存在的詞句

並用鉛筆
寫下祖先南來的歷史，然後
用橡皮擦　輕輕
抹去

一個段落又一個段落，我被國家
寫出邊界之外
如小寫的華文，如匿名的
舌頭，搖落
一些逐漸近視的眼睛

一些影子躲藏，在無法摹寫的
語言背面
水光晃漾，雨點都回到
紙上，像誕生
回到
遠方，兒時的故鄉

7. 灰姑娘

而公主回來尋找

那個遺忘在時間裡的灰姑娘了嗎？
漂泊在半島
或北婆羅洲的雨林深處

無父無母

種成樹的還要離散
在自己出生的土地，等待王子
拯救
一個流離的故事

「遠去的，都是一種茫然的想像」

十二點鐘聲趕不上一輛國產的
笨蛋傻瓜
和一群老鼠們銜走的星光，在
陰暗的溝渠

看漆黑夜色，巨大的成形

「水晶鞋被擺放在博物館裡
　透明，讓天真的孩子
　忘了長大」

公主刪除了情節，為了下一代
解除母語的魔法
用白裡透黃的英文，注釋
廢墟的身世

撥開草莽，王子以清真的禱詞
搜索
一隻鞋的密碼，同化
和波卡
在露出眼睛之外，美麗了
一個神話

公主再也找不到灰姑娘的天真了
在商場櫥窗
明亮的玻璃鏡上，一頂帽子

蓋住了
魚尾紋下流放的哀傷

十二點鐘聲敲過，仙女的咒術
把灰姑娘，長久的
遺忘在
王子永遠找不到的童話

寫於2017.8.25浮雲居

我的小學朋友

0：浮生交會，擦出光影的回聲

故人是你，是我，是他
是我們遺忘又遺忘的名詞，如螢火
不斷穿過
河流的水聲，不斷
不斷尋找黑夜裡無邊遼闊的回聲

1. Abei

我走進他五歲的家
用他的母語，說出我自己
陌生的話：

Payoh kecek supo demo
Supo udaro
Tokleh di jamoh

我用手，抓吃他家的咖哩飯
魚和臭豆

認識了我的舌頭，像我認識
從我腔調
四處逃走的吉蘭丹土話

Sengotinyo nok cagi

Hok oghe kato

Ingat denge lupo

Sapa loni

Ile belako

高腳屋下，時間和我們
捉迷藏
我的影子，躲入
他的影子裡，而找不到
我的身體

Gukah ke pokok mokte

Di sano sini

Napok angin hungga

Denge aye itik

Masok gok umoh belake

我讀出了他的祈禱聲
有河流
流過天堂的水光和樹影
有回音
敲打
我過敏的神經

Ikut sunat，male dikir bagat
bowok pelito
masok ke mipi
Cagi dunio dewaso

我走過他的夢裡，淋過
一場雨
叫出同一個土地的名字
樹的顏色
天和雲的空闊，叫出
貓，跳過了
稻田
跳過了我們的遊戲王國

Kubur sejuto hagi，di tanoh peranoke
Supo bugung，balik ke hute

也看見了死亡，在他
祖父的身上
肉體縮進了一匹白布的寂靜
遠去
在那片白晝的墓地，可以
挖出一群
一群他的親人的名姓

Jale ikut jale，sunga ikut mengalir
Dunio kito tetap pusing
Pagi denge petei

而我們仍然在交叉的背影中
把時間摺好
並穿越了細雨，回到
生命裡
最初的詩句：

Supo kito，hidup di kelate

dok bezo

aku denge demo，semua

anok bumi kelate

2. Muthuratinam

濕婆神住進他的心裡，馬尾草

捲著舌頭

星期日從他的家中逃走

迷失

在他黑亮的眼神

如鶴獨立，在高塔之上

我學他的淡米爾語，有風聲

剝開話文

召喚出蛇一樣扭曲的

腔調

隨蜿蜒的山路

尋找他放牧在曠野上的牛

牛群散失如他的語音
印度腔調
已經忘了新德里的鄉愁
暗黑膚色
摸到古老的記憶，羅摩衍那的
一段史詩
敲亮了夜，也敲亮了
我們的舌頭

許多老骨頭都走漏了風聲
古拉姆守住
家
和一株開出鳥鳴的鳳仙花

而我們不斷在馬來語中練習
愛國和
統一步伐，邁向
前方
永遠抵達不了的地平線

他掏空了英文詞彙，把時間

扭乾
聽蛀蟲蝕去了他酗酒父親的肺
沙啞的聲音
像貓頭鷹「咕咕咕」的叫
從一口
吐出帶血的痰裡，慢慢
飛走

啄木鳥卻在樹幹上啄去
一圈圈年輪
生活趴下，在洞洞的坑裡
仰望
一顆顆星星在天上，明明
又暗暗

許多黑夜被擦亮，許多路
被走成一條
許多人都消失了，成為
光的陰影
逐漸在夢中長大

而年年屠妖，節慶和燈火
述說
廟在，神在，我們都在
傳統裡
悲傷的唱一首快樂的歌

夜裡，躺下
他把自己躺成了一團黝黑
躺成寂暗

3. 清祥

我們跨過彼此的影子，在交錯裡
喊出了彼此的小名

那些核心都結成果了，安靜的
詩句
留下空白，朝向一方如來

空禪和病，和方言

都深埋在日子的井邊，等待
你來汲水
並丟下一枚銀幣，翻覆著
命運的預言

雲飄過去了，在你的身體內
下成小小的雨
和那些寄宿的死亡，沉睡
睡成菩薩，慈眉
善目，在甜黑的夢裡念經

我讀出你書寫的童年，華文燒痛了
半生，並退向
黑板背後，巨大的空無

小孩的臉
卻躲進馬來文字裡面，對著空氣
喊：喂！
而找不到，自己的
從前

從前的天空藍，刷亮瞳孔
沒有鬼祟
出沒在遊行的口號裡，團結依舊
肥沃，在我們
擁抱的土地和海洋

在一首馬來詩裡，我們背離
新月
釘子釘住了信仰，佛陀微笑
穿過詞的韻尾
在島和島之間，不停擺盪

那些曾經種過的樹，都已枝葉
繁茂，蔭影撒落
拉長了
一些遺失的希望

我常常跋涉過你的福建話，有暹羅
餘韻，遺傳自祖父
天涯般的笑。而六十年遷徙
只剩下

一圈漣漪，收縮在逐漸
老去的身體

我想我們淋過的大雨，奔跑的路
都被時間收回
像收回你
在人間短暫寄住的肉體，成為
餘暉
之後，擴大了無邊的黑暗

0：是火焰，要照亮這無聲的人間

故鄉是浮雲，童年是夢，是風起
風落的塵埃
是蝴蝶，是花，是樹，是星辰，是
火焰
都要一一照亮這無聲的人間

我的志願 (註1)

註1：小小的夢，佇立在夢裡
　　　仰望，天空
　　　張開翅膀，飛入虛無

　　　或想像一種壯闊，一種
　　　入神的變身

　　　鯤與鵬，化為言語
　　　激盪
　　　空氣，穿越身體，並等待
　　　象徵，慢慢
　　　向不斷旋轉的地球走來

當M國總理好嗎？主啊，奴要為民主點亮蠟燭，在黑暗的世界，用聖潔的光，照亮自己的肝膽；讓狼群退出貪婪的黑夜。讓巫，刷醒六萬年的咒術。讓牛，都可以養在議員夢裡的欄杆。在這公務員到處搖腳的國界，豢養他們臃腫脂肪，點亮選舉的煙火。主啊，奴誓讓人民都HALAL，在天秤的兩端，栽滿幸福的紅花。

當Ｍ國總理好嗎？（註2）

註2：把Ｍ讀成你的名字，華麗的單音
　　　複寫成一隻雞（或馬？）
　　　躍過文字的圍牆，擁抱秘密
　　　詩的異邦

　　　那些叩過頭的句子，閹掉
　　　意義，折盡了腰
　　　都當官去了

　　　幻想卻撲翅，飛高然後
　　　降落
　　　成了一枚空洞的詞

或當Ｕ大校長，好嗎？堂前風不斷撿拾會議室裡的咆哮，人文可以典藏在褲檔內，偷窺權力不斷的膨脹。很岳不群，很葵花，寶典於政客前的哈腰，可以朋黨，可以狗輩，可以鑽入回扣的隙縫，而舉千手成觀音，伸入，深入一條長長的隧道。不

需要殘障的華語，跛腳於學術之前。殿堂如聖，攬入懷裡，自成螃蟹。

當U大校長，好嗎？（註3）

註3：種下目光，長出了土豆
　　　路草草長了起來
　　　與時光
　　　塵埃、麻雀，拼音成了一首
　　　歌，詞
　　　早已遺忘在夢的偏旁

　　　聖人不死，已被
　　　殖民
　　　英文卻開出了本土雜種的花
　　　在舌上
　　　召喚賢德之徒，列隊
　　　進入聖土
　　　膜拜，燦亮的光

修辭縮小了國際的眼線，倒裝

文法，凹陷水平

並在極權的拼音裡，喊出

一隻

土狗的名

所以要拉高願望，以頭顱，頂住巨大的太陽。在路的前方，守
住童稚的笑。練習造句，並想像超人，彎成一張弓，射出夢
想，和詩，拯救宇宙墮落的靈魂。或從單線簿上，計算河流里
程，奔向大海的澎湃，激出璀璨的浪花，讓人都能摘下一朵，
別在幸福的襟上。世界卻如泡沫，不斷被億萬願望拱起，成了
超人夢裡的笑。

當拯救靈魂的超人，好嗎？（註4）

註4：城樓都坍塌在我的胸口

　　　末日是

　　　煙火開向死亡的邊陲

在遙控器背後，手
與影子
攻守於上帝遺棄的
荒野，讓慾望
陷落如深淵，吞噬了你我
最後的家園

海市幻滅於落日的暮色裡
魚龍翻騰如
叛逆的浪，為自由而
赤裸，而無家

而操人和被操，在粗話政客
幼稚的舌尖之上
爬行，如罔兩
扛起謊言，帶來了正義的
荒原

□□，從孩子們的夢裡
飛走了
生老病死，卻在細胞裡

醒來
又睡去

□□□、□□、□□□，在單線簿上走過。文字已經長大，離
去在遺忘的遺忘邊緣，吞吐。雲霧卻棲息在檔案裡，瞭望大
山，並被不斷複製，成為窗前，壯麗的山河、天空，與燈火。
2B的鉛筆老了，童年躲在老人的回憶裡，偷窺，一隻飛鼠輕
輕，躍過夢的枝椏，落在最後的句子上：「To be, or not to
be」，沉思而

寂靜。

輯三

馬來西亞

MALAYSIA

華語的火花：林連玉

「橫揮鐵腕批龍甲，怒奮空拳搏虎頭」

蒼勁的文字從手稿上站起，骨節
稜稜，撐住了
幽暗的年代，那年
好大的風，虎虎從身後
欺來

而你握筆的手，卻必須守住
燈火的明滅，在書齋
角落
堅持一首詩，必須在
長夜漫漫中完成

（那年，我開始上華文小學
　　用鉛筆稚拙寫上自己的名姓）

孤坐的背影已經遺落在歷史的另一頁
華語書寫的身世
逐漸淹沒於橫行的馬來語世界

坐困異鄉，嶙峋的瘦骨
老邁如荒鷹
繼續在這土地上空不斷撲翅
盤旋，並從
節節敗退的詩禮文化山巒上
尋找一種
斷裂後重生的
辭語

（我在馬來文裡迷失自己
　英文卻在
　五年級檢定考試的後面追來
　潮州話留在家裡
　只有閩南語，自小學的草場上
　跟著同學的背影一起賽跑）

移植的根鬚伸向筆端，讀自己的故事
和時代遷徙，以火炬
照亮詞彙的秘密
並穿過了瘖啞的甬道，逆著風

撐起
不滅的火種，暗夜裡的
光

而這裡，遍地都是狐鼠啊，以及
暗巷，猖狂的犬
窺伺，你的一衫白衣，在亂髮中
升起，並看
一場又一場的雨，不斷
下在
自己瘦小的命運裡

（母語班卸下了我的身體
　華語躲藏在
　被殖民的舌頭之下，和被殖民的
　歷史
　看西裝筆挺的梁宇皋
　陳修信、李孝式、陳東海、梁長齡們
　高高
　掛在MCA歷史的走廊上）

貧迫的語言，讀不出防風林外
腐朽的漂木
年輪壓擠的聲音，折斷如
風過的腰肢
讀不出
深暗茫茫，破空的掩來

而靈魂只能扶植自己站起，在教師證
被取消的午後
在書
被禁錮的時刻
在公民權被褫奪的夜裡
你敞開胸膛
淡定的
任鐵蹄不斷從你的世界踏過

（鬼聲啾啾，在歷史的冊葉中縈繞
　不去，一些假髮
　不斷高喊正義，卻掏空了肺腑
　蛇行於

陰暗的洞穴，一吋一吋
吞噬了
自己的子孫根）

自由與獨立，隱居於晚年的陋室，著書
寫詩，攤開宣紙
把一生寫進華文裡，成為
最艱難的一個字

「人」

頂天，立地
或張開雙手，躺成道路，讓
文字
走過，尋找自己的聲音

最後，你把詩，寫進了骨頭內部
以堅硬
注釋，一生的清貧

而石刻的墓碑之上，你的名字
依舊堅持，不斷
不斷以鋼鐵的意志
擦亮
一個漆黑國度裡，華語的
花火

M先生的語言學

1.

因為知道悖論，破壞的驚奇
M先生喜歡
捲起自己的舌頭，讓語音
走在前面
引導影子走向□□□□年的宏願

語言說：坐
M先生站起來，舉手
反對
所有歧義的詞彙
走自己的路

在全球化的廣場
M先生堅持
統一語法
計算音步
一寸一寸，企圖併吞
自己想像的王國

M先生喜歡隱喻
為詩歌點火，照亮文字的美麗
意象的斑紋
如豹子在原野奔跑的波浪
撲向

虛空
那身後千古的名譽

而詞語不足以哀悼
所有的失去

在語言裡，M先生相信
他圈起
聲音的邊界，可以守護
純真的童年

並把故鄉留在夢裡，如同音母
挖出一個洞
M先生看到自己的舌頭
伸成字根
長出了一棵樹，長成森林

2.

M先生老愛幻想
把字義埋在土裡，衍生子嗣
擴大版圖
馴養逐漸肥大的音節
列隊
走入皮影的世界

所有人都是傀儡，所有人
都是先知
M先生只看到肚臍
那裡可以聆聽母親的心跳
愛和誕生

那裡是回家的路
那裡是祈禱的廳堂
那裡是日子跨過日子的地方

那裡是，M先生盤踞的家國
二十二年走過的步伐

有六十年的衰老，九十年的神話
需要枴杖
一一點亮前方的黑暗

母語在舌尖上睡覺，啞了白頭
M先生悄悄
穿過了晨早的霧，來到
草場
看一隻鴿子從他的想像飛走

飛走了他的旗幟，吹過的
大風，消失的掌聲
像鬼魂，踩出夢一樣的音節
在M先生
走過的背後，留下一場
喧嘩的雨聲

M先生迎向前去，更大的雨
等他，點點
滴滴，像失傳的密語，等著
吞蝕他的黃昏

3.

M先生不懂華語，數不出多少
背祖忘宗

而被風吹大的詞語，卻變成
你和我
在他的齒縫間行走

走過的街口，收入語言學裡
M先生抄下
石頭、火，以及一張張的臉
在十字路上
統計
多少詞彙的出走

語言隱藏了M先生的身影，過去
是未來
是歷史的眼睛
讀出
探險必須跨越的深淵

（白日的雨季，文字的肢體
　紅色的火焰，灰色的煙）

M先生踢掉路上的石子，把夢
養成臃腫，坑坑
洞洞
可以陷人，也可以自陷

而許多叢生的茅草，長得比夢
還高，M先生
在自己的身體內，種下黑夜
等待月光
照出一方明亮的世界

2017年，語言開始剝落，M先生
開始尋找
一年又一年，久已失蹤了的
自己

4.

M先生回家了，詞語關上了門
不需要說話
剪去一朵雲，放逐雨聲
在別人的窗外

有鬼遊行
穿過深黑的瞳孔，聽榴槤花開
花落

松鼠
快樂跳過時間的枝椏
跳進
M先生的沉思裡，搬運一些
政治的穀粒
撒落在一片陰暗的大地

時間卻遺失了一雙耳朵
在M先生忘掉
昨日雨聲的時刻，一隻波斯貓

正從沉默的故事裡走過

那些美麗的詞彙，也都躺回
小小的字典
睡成
M先生的身影，一個字
衍生
另一個字，注釋了
歲月的衰老

M先生把自己，擱放在
無邊遼闊的夢裡
並用古老的修辭學，不斷
給自己致敬

然後他記起了遙遠的，一顆星
靜靜
在他的生命裡閃爍
並墮落
成為你我
無聲驚呼的句點

六十年
——一種國族主義的想像

M.

被放生的島嶼，放逐的國
一尾獅魚，躍出海面成了一則
浪花的傳說

馬來詩遊行於Utusan Melayu[1]
一邊一國，海和波浪，以及
雲朵，遠眺前方
唯一的道路，豢養羊群
扶起樹影
把夢種在籬笆上並期待日子
開花結果

1965年的大鐘，全上了發條
指示秒針的運作
一邊一國，一邊一國，還有

---

[1] Utusan Melayu是Utusan Malaysia的前身。1964年8月30日與Utusan Mingguan
一起刊出，及至1967年9月1日改名為Utusan Malaysia出版。

永遠回不去的唐人坡

有人出走，有人歸來
有人把自己唱成了國歌，永遠
起立，忘了坐下

A.

我們都噤口，不談國事，忘了
歷史，看著送葬隊伍
打門前走過，橫越
1969年的大河，一些詞語
赤裸，全被釘入墳墓
埋葬了空闊

蝴蝶失去了花朵，鷹放走了山巔
錨定住航線，魚躍出
海洋，天空很馬來西亞，在島
和半島的故事裡
我們豎立，和飄揚的旗一起唱歌

夜裡，點亮一盞燭火
掏出時代龐大的陰影，看光
惶惶，四處離走

L.

建築房子的工人，規劃五年
藍圖，風調
不需要風水的度量，只需計算
比率，膚色和語言
就能讓雨，順著工尺，膨脹了
想像

柵欄之外的柵欄，十年阡陌
圍起矮叢
讓樹木生長，並剪掉茂盛
枝葉，讓根萎縮，成了
一顆石頭

30%的花園種滿木槿，火紅的花

燒出了另外30%的幻影

家：Rumah
1971年，你必須開始學習
純正的馬來話

A.

Bercekam ke arah pusat bumi
di tanahair ku
mimpi dalam kegelapan
cuba mencari
suara harmoni

Tetap ku renung
di sudut kehidupan
sepi bersembunyi
di sebalik pulau yang berkabus
ternampak bayang
bergerak dengan lemah lembut

Di sini, Angin monsun berdebat
hujan lebat
tak bisa mengoyangkan semangat
daun, pokok dan akar

akar, akulah akar
berjanji：hidup mati
berhayat dengan semenanjung bumi

Y.

詞語卡在喉結，和痰，擴大了吐納的
肺葉，侵佔
母語遊走的音節，只能發出
失語的哼哼

哼，單音節，一條軌道伸向煙霾
我找不到我，在我的國
遮蔽的語言和
獨尊巫術的世界，顏色、土地

夢，大寫成
不可踰越的邊界，他們的身體
他們的季節

而我國，把我走成異鄉，卻用
政客的語言逼問
靈魂的忠誠，這裡和那裡
你們和我們
讓舌頭躲在舌頭的陰影下
抖縮，不敢自由
說話

在我的國，痰不斷擴大版圖，掩蓋
清晰，在喉結和喉結間聯盟
齊聲高唱，Negara ku

S.

Negara ku, Tanah tumpahnya darah ku
夢在此原地踏步，歷史
記錄，博物館裡阿公走過的背影
全被刪去⋯⋯

碑文比2020年空洞，荒草離亂
碩鼠結黨，也變魔術
也唱國歌
並把國庫睡成自己溫暖的窩

而那些宣誓的泥土，三代了
卻保留給
山竹、給榴槤、給紅毛丹，給
番薯，只留下九九年地契的房子給
一個馬來西亞

阿公搬進墳墓，六十年
教科書上，永遠沒有阿公
中文的名字

I.

六十年假牙，仍留有六十年殘餘的
菜渣，仍堅持　Satu Malaysia

我的沙土，你的馬來西亞
多元成家
一言治天下，或讓茅草
說話，並捕捉
每個異言者無法逃亡的天涯

而忠誠者是忠誠者的笨蛋傻瓜
國產的效忠，奴性的
繁殖，在黑夜不斷來臨的1987或
許多固打如刷的年份
雨不停落下

雨不停落下
一池塘喧噪的鳴蛙，跳來跳去
滿地窟窿啊凹凸不平
我的沙土，你的馬來西亞

而我們仍堅持，我們都是
Satu Malaysia

A.

宏願與鴻雁，都棲止於2015年的
枝椏，大風浮盪，大雲
投下巨大的暗影
如蟒，吞噬了所有你家和
我家後院的雞鴨

夢在貶值，稅被消費，一些
摘下的頭顱
都走到街頭bersih去了

詩仍宿便未醒，為昨日
自我的狂歡
寫下一行無人讀懂的天書

（屎和史、屍和詩、食和時

士和世……）

七億的海角，依舊波濤洶湧
澎湃，激起的水花
進入每座土地廟，光明正大的
口袋，成了絕對團結
的機密

（史是屎、詩是屍、時是食
　世是士……）

戴上假髮，可以鬼，可以神
可以拉大信仰，塗白
黑夜，讓真相萎縮
再萎縮，化為一個至高無上的
馬來西亞

六萬年
——一個種族主義的幻想

六萬年化石，內縮於岩層最深
最深的一片幽黯
野豬亂竄於沼澤荒林的地帶，夢
從巫術裡誕生
穿過咒語進入獸與獸聚集的洞穴

而草木瘋長於一種舌頭之上
無需讀懂的語言
以掠食者的姿勢，拓展歷史的
版圖，向異族的神
點火宣戰

鱷群埋伏於火光的邊緣，貪婪於
雉雞美麗羽毛和
猿猴攀附於樹枝的尾巴
並循著氣味，搜尋一種血色的野蠻

慾望的蟒蛇卻盤踞於原始部落
蠕動的意識燃放篝火，隨骷髏搖唱
輓歌，並與群獸狂舞
在赤裸體內

銘刻的碑石偷窺了風雨最初
鬼魅的秘密

巫師巡走於天地之間，以兩顆老椰
鎮壓日月，卻任犀牛
衝入自己的腦門，以野性思維
放任雜草叢生，並坐成
頑固的石頭

六萬年，封閉的世界，高高掛著一枚
彎月，如刀
削去了一個個圖騰與臉譜
在猛獁象遠去的蹄跡裡，留下群猴
喧嘩，張揚火紅的屁股
四處佔據土地、河流、山林，以及
率眾而出，搗動地殼
原初的和諧與
寧靜

晝夜在此，不斷堆疊成一座座
無法跨越的山脈

讓鳥群只能斂翅於雨樹闊大的濃蔭中
張望，風暴
自遠方無聲滾滾而來

錫礦仍深埋於六萬年的流域
幽黯成形，凝固了火種，吞吐洪荒
在不斷倒退的視線外
退入土的肚臍，等待撞擊
赤道線上
已片片龜裂的山河與大地

而霧一直出沒，神鬼混雜的部落，有雞
有馬，有騷動的鬼語和神話
喚起青銅的記憶
遷徙的殺戮，遙遠的聲吶
與目光，穿過
裸露的黑夜，孕育了一冊
無字的史詩

「死亡就是復活，在天地膨脹的子宮
　恐龍遺傳的基因，延續了

一種　無法滅絕的兇猛……」

燧石擊打燧石，火花迸出一個故事
放逐了遠方的遼闊
如六萬年，狠狠
釘死了一隻來不及逃亡的蟑螂

六萬年……啊

備忘錄

1.

黑夜降落在他的胸腔，吐不出
語言，所有骨骼逐漸腐爛

他找不到自己的頭顱
在慾望不斷
吞噬慾望的喉嚨，二十六億後
四十二億、六十四億
一百億……魔術師
笑著，揚手
變出一隻雞和一個
馬來西亞

數字孕育團結，一致
為了信守的土地，拭去霧氣
擦亮怪獸奔跑的聲音
並種下黑金
讓一個又一個的夢遠行

他豢養了一整個內閣的幽靈

為自己寫墓誌銘
第二號官員和第三號官員
高歌朗誦
忠誠和愛，和一首
不斷
往下墮落的詩

鬼魂不斷出沒，在他深黑的瞳孔
有憂傷和憂國
憂民，綻放的情緒
扭曲成一團陰影，偽裝成人
在陽光裡
光明正大的行走

民主卻被清洗得乾乾淨淨，一點
污垢，必須
抹去，像抹去無數的秘密
屍骨無存
和在飛翔裡失蹤的夢
被粉刷
成為太平的

天國

左擎黑，右牽黃
巡遊的日常，他看到自己的影子
和許多影子
分崩離散，鷹犬
埋伏於歷史的根部，窺伺
族群蠢動
出賣自己的舌頭

人民全被綁架，在他
深黑的咒術裡，奴性滋長，而且
肥沃，膨脹成一座島，放任
四處流竄的老鼠
搬走
六十年青春的夢想

而面子書上口水氾濫，神背叛
喚不醒
騷動的石頭，詞流亡
舌斷，齒無

他遂抱起了自己的臃腫，等待
登高一呼
引領朋黨壯碩的想像，如一支
多元的軍隊，投向
永遠
無法抵達的2020

謊言卻佈滿了傷痛，蹣跚
離開後，他回頭
忽驚見
童年早已死在父親的懷裡了

2.

煙霾吞吐的樓，卻隱藏許多面孔
飼養秘密困境裡匿藏了幾根骨頭，懶得
讓牛和馬，馱著落日
走過鐮刀割去稻穗梗上被吃窮的
塵土，喧囂
等待暴風雨穿過，世界的

罅隙

捷運停止於憂傷的軌道上，一種
緩慢，向土地宣告
相信愛
相信腐敗是必然的消亡，相信
黑色的傘
可以頂住十萬個太陽

膚色、語言、假牙和
他們的神

舌頭躲在夜裡，偷窺瑣碎的
話語，掉落
夢凹陷的深淵，長出
噬錢的獸，向
最深
最深的黑暗遊走

霧向前，虛構的貓步無聲

偵查意識
進入教堂，進入上帝的庭院
進入唱詩班裡讚美的
詩歌，並在
時光的陰影下起舞

成群結隊的獸，成群結隊的坐在
國會，成為傀儡
以馬來語
詰問彼此的堅貞，彼此的旗幟，彼此
相互撕咬的語言
穿過恥骨，敲出了銅聲，一種
原始，部落的搏鬥
震落了一地喧囂的塵埃

森林裡的樹已逐漸退走，向荒蕪
遺失了存在的光
鼓聲、足跡，和可以追逐的風
遺失了
祖靈瞭望的一片星空

翹著紅屁股的猴子，火一般
四處橫行，叫囂
api-api（火啊火），燒亮了城，燒死了
所有純真的靈魂

火車依舊緩慢的把時間載走，留下
的人，惶惶
早已遺忘了自己原來的面孔

3.

我睡入國家的子宮，關閉
夜的窗口，聆耳
傾聽
兩三顆古老的星星掉落在遠方
深黑的湖上

如螢火在風中晃動，如暗亮
眼睛
有人挖掘隧道，偷運夢

從自己的瞳孔
逃走

祖母的歷史全被賣掉
剩下
民國的大襟唐裝，掛在
記憶的曬衣杆上
空空
蕩蕩

外資出走，股市指數蛇行，隨著
清真寺抖落的禱音
迸出了
暗黑裡幾隻荒雞嘹亮的啼聲

黎明躲在墓穴之中
影子離開後，走狗吠出月亮
裸露
藏在政黨背後的手，掏去了
一首民歌

（無調之曲啊）

一步之遙，再一步之遙，遺忘
繼續，讓謊言遮住
自己的臉，穿過漫長等待
看國
忠與不忠，盛聞與不聞
一一點亮
滿城憤怒的燈火

而日子折腰，低頭行過空無
華文退守
在華社喉結，魚刺鯁住的傷痛
穿入神經末梢
扭曲了模糊的面孔

我靜靜曲蜷於國家的子宮，聽風雨
不斷吹打暗巷
無人吹起的哨聲，睡在
司法倉庫的內裡
禁錮

成了無夢的世界

4.

霧從黑夜捲來，捲來無聲腳步
風起時
化成了一片如潮的耳語

怪獸隱匿於法院的角落，眈眈
守護一冊
含羞草的秘密

鬼魂不斷拷問鬼魂，十八個月
民主
被壓在內安法令之下
謠言，卻在
面子書上四處遊走

歷史卻可以修改或
刪除，一些燈光聚焦的話語，讓魔鬼

穿梭
幻夢之間，生生
滅滅，在經文的最後一頁

被豢養的獸仍糾眾，張牙舞爪
在傾斜的天秤上
用刀槍不入的身體註冊，一行
荒謬的劇本

而風沙磨礪過生活，我們唱歌
我們跳舞
並想像有一隻夜鶯在胸口
唱出了
母親的憂傷

夢在街頭遊行，卻清除不掉
污垢的大道
蚊蠅孳生重卵，散佈一種
噬血的謠言

我們穿行，在許多人的穿行裡

抱著一柱光
等待
走出漫漫的黑暗

5.

尊貴的，語言很pondan（懦弱）
躲在褲襠
對著天空大聲吶喊

關於風和方向，關於愛
關於我們的期待
都被賣進了一個又一個
深深的褲袋

啊，語言很pondan
咬了骨頭，都忘了挺立
在草場

曾經喊過了獨立，曾經

牽過了手
曾經擁抱過同一個土地

如今
卻點亮了燐火，照出
自己的鬼樣

到處都有鬼啊
豢養的黑夜，孵育了陰暗
鬼祟四處瀰漫

而尊貴的
我們都想用語言來壯膽
可是——

語言卻很pondan
逃到你的褲襠
用力敲打著歷史的門板

把頭壓下
把頭壓下，壓進自己恐懼的心臟

嚇死自己
來不及逃跑的細胞

直到

尊貴的尊貴，排排坐
吃果果
語言重新稍息，並且
就地　解散

詩作刊載年表

輯一：地誌‧拼圖

丹戎巴葛火車站	南洋商報「商餘」	2016.3.7
哥打峇魯‧大巴剎	南洋商報「商餘」	2016.3.14
金寶‧矮子鋪 (I)	南洋商報「商餘」	2016.2.15
金寶‧戲院街 (II)	南洋商報「商餘」	2016.2.1
阿羅士打‧Pekan Rabu	南洋商報「商餘」	2016.3.21
安順‧斜塔	南洋商報「商餘」	2016.3.28
檳城‧渡輪	南洋商報「商餘」	2016.4.6
吉隆坡‧蘇丹街	南洋商報「商餘」	2016.4.20
馬六甲‧聖地亞哥古堡城門	南洋商報「商餘」	2016.5.4
馬六甲‧河岸	南洋商報「商餘」	2016.5.18
豐盛港	南洋商報「商餘」	2016.2.29
金馬崙‧鄧長權	南洋商報「商餘」	2016.6.1
雲頂‧纜車	南洋商報「商餘」	2016.6.15
登嘉樓‧海岸線	南洋商報「商餘」	2016.6.29
興樓 (Endau)‧泊船	南洋商報「商餘」	2016.7.13
居鑾‧Rail Coffee	南洋商報「商餘」	2016.7.27
北根‧Teng Quee路	南洋商報「商餘」	2016.8.10
喬治市‧周姓橋	南洋商報「商餘」	2016.8.24
大山腳‧聖安納教堂	南洋商報「商餘」	2016.9.7
吉隆坡：夜‧KLCC	南洋商報「商餘」	2016.9.21
關丹‧Teluk Cempedak	南洋商報「商餘」	2016.10.5
怡保：Birch‧歷史紀念碑	南洋商報「商餘」	2016.10.19
吉蘭丹‧道北站佛	南洋商報「商餘」	2016.11.2
麻坡‧麻河水聲	南洋商報「商餘」	2016.11.16

古晉（Kuching）·貓的故鄉	南洋商報「商餘」	2016.11.30
詩巫·夢的窗口	南洋商報「商餘」	2016.12.14
馬泰邊界·Pengkalan Kubu	南洋商報「商餘」	2016.12.28
巴生河	南洋商報「商餘」	2016.1.11
怡保·火車站	南洋商報「商餘」	2016.2.22
白沙鎮（Pasir Puteh）	南洋商報「商餘」	2016.1.18

輯二：我的家庭（長詩）

我的家庭	南洋商報「南洋文藝」	2016.6.28-8.2（六期）
我的故鄉	星洲日報「文藝春秋」	2017.11.5
我的童年	1-6組詩，以〈我的童年〉題目，獲2018年 第三屆新加坡方修文學獎新詩組首獎	
我的小學朋友	南洋商報「南洋文藝」	2017.11.14
我的志願	尚未發表	

輯三：馬來西亞

華語的火花：林連玉	星洲日報「文藝春秋」	2016.12.4
M先生的語言學	星洲日報「文藝春秋」	2018.7.1
六十年——一種國族主義的想像	星洲日報「文藝春秋」	2015.12.13
六萬年——一個種族主義的幻想	南洋商報「南洋文藝」	2015.12.22
備忘錄	《蕉風》月刊513期	

國家圖書館出版品編目資料

Perpustakaan Negara Malaysia Cataloguing-in-Publication Data

辛金順，1963-
[Pin tie: ma lai xi ya]
拼貼：馬來西亞／辛金順詩集
（有名系列＝The name；94）

ISBN 978-967-0744-53-7

1. Chinese poetry--Malaysia.
2. Malaysian poetry (Chinese).

I. Title.
II. Series.

895.116